Lehr- und Studienbriefe
Kriminalistik / Kriminologie

Herausgegeben von

Horst Clages, Leitender Kriminaldirektor a.D.,
Klaus Neidhardt, Präsident der Deutschen Hochschule der Polizei

Band 18
Delikte gegen Kinder

von
Prof. Dr. Reingard Nisse

VERLAG DEUTSCHE POLIZEILITERATUR GMBH
Buchvertrieb
Forststraße 3a • 40721 Hilden • Telefon 0211/71 04-212 • Fax -270
E-Mail: vdp.buchvertrieb@VDPolizei.de • Internet: www.VDPolizei.de

Bibliographische Information der Deutschen Nationalbibliothek

Die Deutsche Nationalbibliothek verzeichnet diese Publikation in der Deutschen Nationalbibliographie; detaillierte bibliographische Daten sind im Internet über http://dnb.d-nb.de abrufbar.

www.VDPolizei.de

1. Auflage 2012
© VERLAG DEUTSCHE POLIZEILITERATUR GMBH Buchvertrieb; Hilden/Rhld., 2012
Alle Rechte vorbehalten
Satz: VDP GMBH Buchvertrieb, Hilden
Druck und Bindung: Druckerei Hubert & Co, Göttingen
Printed in Germany
ISBN 978-3-8011-0668-3

Vorwort

Delikte gegen Kinder stehen, wenn sie bekannt werden, im Mittelpunkt der öffentlichen Aufmerksamkeit. Insbesondere gravierende Gewalttaten an Kindern lösen tiefes Mitgefühl gegenüber den Opfern und berechtigte Empörung über die Täter aus. Kinder zu schützen ist eine der vordringlichsten Aufgaben, denen sich die Gesellschaft widmen muss. Kinder gehören in der Bevölkerung immer zu den Schwächsten und brauchen deshalb besonderen Schutz und besondere Fürsorge.

Kindesmisshandlungen finden im Verborgenen statt. Dies macht es umso schwieriger, die Taten aufzudecken sowie die Leiden der Kinder zu erkennen und sie vor weiterer Gewalt und Vernachlässigung zu schützen.

Das Grundgesetz der Bundesrepublik überträgt vorrangig den Eltern das Recht und die Pflicht, für ihr Kind zu sorgen. Es weist aber gleichzeitig der staatlichen Gemeinschaft die Aufgabe zu, den Schutz des Kindes zu garantieren, wenn die Eltern ihrer Verantwortung nicht nachkommen und dadurch das Wohl des Kindes gefährden. Dabei ist auch die Frage nach der Verantwortung von Behörden, Kindereinrichtungen, Ärzten, Schulen, Jugendämtern, dem sozialen Umfeld, der Polizei und anderen zu stellen, die sich differenziert für das Kindeswohl einsetzen sollen oder müssen.

Kinderschutz kann nicht nur das gesunde Aufwachsen von Kindern gewährleisten, sondern soll auch sichern, dass diese nicht selbst später als Erwachsene gewalttätig oder in anderer Weise straffällig werden.

„Gewaltsame Interaktionen im Elternhaus stehen in enger Beziehung zu psychosozialen Störungen, zum Auftreten von sozial abweichendem Verhalten und Kriminalität im Kindes-, Jugend- und Erwachsenenalter. Misshandlungserlebnisse wirken sich negativ auf die somatische und psychische Entwicklung und Wertvorstellung beim Kind sowie letztlich desozialisierend aus. Gewalt in der Familie wird somit als „Schlüssel zur Gewalt" in der Gesellschaft angesehen." (Freistaat Thüringen, Ministerium für Soziales, Familie und Gesundheit 2007, Thüringer Leitfaden für Ärzte, S. 10)

Nicht selten wirken die Folgen für die misshandelten, missbrauchten oder vernachlässigten Opfer ein Leben lang. Kinder können zu Pflegefällen werden und damit einhergehende volkswirtschaftliche Schäden sind im Einzelfall eine weitere traurige Konsequenz.

Obwohl häufig nicht nur Mitarbeiter von Institutionen und andere Menschen Hinweise auf Kindeswohlgefährdungen wahrnehmen, wird oftmals nicht rechtzeitig gehandelt.

Angesichts der über 10 000 Bücher und Zeitschriften, die sich als Referenz-Bibliothek „Informationszentrum Kindesmisshandlung und Kindesvernachlässigung (IKK)" am Deutschen Jugendinstitut in München befinden, scheint es vermessen, sich neuerlich diesem Thema zuzuwenden.

Gerade diese Fülle an Literatur gebietet es jedoch, die wesentlichen Informationen zu komprimieren, die es der Polizei ermöglichen, erfolgreich präventiv und repressiv auf diesem Gebiet tätig zu werden.

Die Polizei wird meistens erst informiert, wenn die Kindeswohlgefährdung strafrechtliche Relevanz aufweist. Nicht selten erhält sie aber auch im Zusammenhang mit präventiven Einsätzen Kenntnis von Fällen der Kindeswohlgefährdung. Die eingangs bereits erwähnten Institutionen und Personen, die für den Schutz der Kinder verantwortlich bzw. an ihm beteiligt sind, erfordern für die Polizei unabdingbar eine wirksame Zusammenarbeit mit allen Verantwortlichen. Nach dem Bekanntwerden gravierender Fälle von Kindesmisshandlung und Vernachlässigung wurden in den letzten Jahren die Bemühungen vor allem darauf gerichtet, wirksame Netzwerke aller Beteiligten zu etablieren.

Anliegen dieses Studienbriefes ist es somit, Polizeibeamtinnen und Polizeibeamten, aber auch anderen am Kinderschutz Beteiligten, die originären Aufgaben bei der Bearbeitung von Kindesmisshandlungen, Kindesvernachlässigungen und sexuellem Missbrauch zu verdeutlichen, die rechtlichen Grundlagen des Kinderschutzes sowie die konkreten Straftatbestände darzustellen und die sich daraus ergebenden Ermittlungshandlungen zu erläutern. Darüber hinaus sollen die Verantwortung all jener, die aktiv am Kinderschutz mitwirken erörtert und Möglichkeiten aufgezeigt werden, wie deren Vernetzung effektiv zu gestalten ist.

Mein Dank gilt Herrn Dr. Frank Menzer, der mittels seiner kompetenten redaktionellen Beratung wesentlich zum Gelingen dieser Schrift beigetragen hat.

Reingard Nisse   Bernau, Januar 2012

Inhaltsverzeichnis

Zur Einführung:
Ein kurzer historischer Überblick

Nach heutiger Auffassung „gehören" Kinder der Allgemeinheit, sie sind nicht, wie ehedem, ausschließlich „Eigentum" der Eltern, über das diese nach Belieben verfügen können. Vom Beginn der Antike bis zum 6. Jahrhundert n. Chr. hatten Kinder keinen eigenen gesellschaftlichen Wert. [1]

„Diese Epoche war gekennzeichnet durch eine allgemeine soziale Akzeptanz des Kindermords."[2]

Im altrömischen Recht erhielt der Vater Verfügungsgewalt über das Schicksal seines Kindes. Er hatte es gezeugt und so stand es nach damaliger Meinung in seiner ausschließlichen Macht, es zu töten oder am Leben zu lassen. Das neugeborene Kind wurde ihm gebracht und vor ihm auf die Erde gelegt. Hob er es hoch, so nahm er es durch diese Handlung in die Hausgemeinschaft auf und verlieh ihm dadurch die Eigenschaft, Träger von Rechten zu sein. Ließ er das Kind jedoch liegen, so bedeutete das dessen Aussetzung und damit den Tod.

Die Römer setzten Säuglinge schon dann aus, wenn die Fortpflanzung des Geschlechtes gesichert schien oder wenn die Gefahr bestand, das Vermögen durch eine Vielzahl von Kindern in allzu kleine Teile zu splitten. Damals bereits erlassene Gesetze zum Schutz der Kinder blieben ohne Wirkung.

Die Griechen beurteilten bereits den Ehepartner unter dem Aspekt, inwieweit er gesunde Kinder zeugen bzw. gebären könne. Gleiches galt auch nach altem deutschen Recht und wurde im alten China so gehandhabt.

In Sparta wurden lebensunfähige Kinder gleich nach der Geburt in ein tiefes Tal gestürzt. In vielen Völkern und Religionen waren rituelle Kinderopfer verbreitet.

Im Mittelalter wurden unerwünschte Kinder nicht mehr getötet, sondern weggegeben, oft in Klöster. Kinder der höheren Schichten lebten meist eher mit den Bediensteten zusammen, während die Kinder der unteren Schicht schon frühzeitig hart arbeiten mussten.

Bis ins 19. Jahrhundert hinein wurden viele Babys in Europa zu Säugammen gegeben, wo sie das erste Lebensjahr meistens nicht überlebten. [3]

Die väterliche Zucht- und Strafgewalt blieb jedoch lange Zeit bestehen. Ihr unterlagen die Ehefrau, Söhne und Töchter und die Sklaven in gleicher Weise. Sie wurde durch körperliche Züchtigung, Einsperrung oder Verbannung vollzogen. Die körperliche Züchtigung blieb bis ins 20. Jahrhundert hinein erhalten. *Scheck* kommt aufgrund einer Analyse von 90 Autobiografien von Männern und Frauen aus Deutschland, die zwischen 1740 und 1820 geboren wurden, zu der Einschätzung:

„Es gibt fast keinen von mir untersuchten Text, der nicht über Gewalt gegen Kinder berichtet und fast kein(e) Autor(in), der/die nicht sagt oder andeutet, als Kind geschlagen worden zu sein."[4]

Ab dem 18. Jahrhundert erkannte man die Kindheit als eine Lebensperiode, die gegenüber Normen und Traditionen der Erwachsenen einen eigenen Wert besitzt. Doch auch die sich ausbreitende Institution Schule verzichtete nicht auf die

---

1   Petzold 1999, S. 9 ff.
2   www.arbeitsblaetter.stangl.at/ERZIEHUNG/Geschichte-Erziehung-shtml, S. 1.
3   de Mause 1980, S. 59.
4   Scheck 1987, S. 28 ff.

Prügelstrafe als „Erziehungsmittel". Sogar sorgfältig ausgesuchte Methoden der Schmerzzufügung, wie auf Erbsen oder Holzscheiten knien zu lassen, mit Nadeln zu stechen, mit dem Rohrstock auf die Hände zu schlagen sowie auf Brennnessel legen zu lassen, waren an deutschen Schulen üblich. *De Mause* zieht eine schreckliche Bilanz:

Ein deutscher Lehrer rechnete aus, er habe während seines Berufslebens 911 527 Stockschläge, 124 000 Peitschenhiebe, 136 715 Schläge mit der Hand und 1 115 800 Ohrfeigen verteilt. [5]

Erst ab dem 19. bis zur Mitte des 20. Jahrhunderts wurde der ganze Bereich, der sich mit der Ausbildung von Kindern befasste, neu gestaltet.

„Man kann sogar sagen, dass das Kind eine Entdeckung des 19. Jahrhunderts ist." [6]

Wesentlich dafür war die christliche Vorstellung vom Kind als dem unschuldigen und damit schützenswerten Wesen. [7] Im Verlauf des 19. Jahrhunderts wurden in Preußen, Baden und Bayern **strafrechtliche Bestimmungen** zum **Schutz** vor Kindesmisshandlungen in Kraft gesetzt. Der Staat begann, sich zunehmend um das Wohl des Kindes zu kümmern, wobei den Eltern das uneingeschränkte Züchtigungsrecht vorbehalten blieb.

Erinnert sei allerdings auch an die unmenschliche Ausbeutung von Kindern im 18. und 19. Jahrhundert durch Kinderarbeit.

Bis weit in das 19. Jahrhundert betrug die Arbeitszeit von Kindern in den Manufakturen 13 bis 14 Stunden, manchmal auch 16 Stunden; zum Teil verbunden mit deren Anketten an Maschinen und „Munterhalten", indem der Kopf in einen Wasserbottich gesteckt wurde.

Doch im 19. Jahrhundert entstanden auch die ersten Kinderschutzverbände, 1871 in New York, 1884 in Großbritannien und 1953 in Deutschland.

Ab Mitte des 20. Jahrhunderts setzte sich die Auffassung durch, als obersten Wert die Unterstützung und Förderung des Kindes bei seiner Entwicklung zu einer individuellen Persönlichkeit anzuerkennen, d.h. Kind und Eltern sind gleichberechtigt und ein Machtgefälle ist zu vermeiden.

Bereits ein Jahr nach Ende des Zweiten Weltkrieges wurde **UNICEF** (United Nations International Children's Emergency Fund) als eine Unterorganisation der Vereinten Nationen gegründet.

Weltweite Beachtung erfuhr das Problem der körperlichen Kindesmisshandlung und -vernachlässigung mit der Veröffentlichung der Arbeiten von *C. Henry Kempe* in den 60er Jahren des 20. Jahrhunderts. *Kempe* war Professor für Kinderheilkunde in den USA. In Deutschland entstand unter Leitung des Soziologen *Reinhard Wolff* 1976 das erste deutsche Kinderschutzzentrum in Berlin.

Diese und andere Aktivitäten führten mit zur Entstehung der *International Society for the Prevention of Child Abuse and Neglect (ISPCAN)* im Jahre 1977 als eine der ersten weltweiten professionellen Mitgliederorganisationen zum Schutz und zur Prävention misshandelter und vernachlässigter Kinder. [8]

---

5   de Mause, a.a.O., S. 30.
6   www.arbeitsblaetter.stangl.at/ERZIEHUNG/Geschichte-Erziehung-shtml, S. 1.
7   Bange 2005, S. 15.
8   Ebenda, S. 19.

Im Jahre 1959 verkündete die Generalversammlung der neugegründeten Vereinten Nationen in feierlicher Form die *„Declaration of the Rights of the Child"*, die als maßgeblicher Ausgangspunkt der späteren Kinderrechtskonvention betrachtet werden kann.

Initiiert wurden die folgenden vielfältigen Maßnahmen zum Kinderschutz in Deutschland wesentlich durch den Beitritt zur Kinderrechtskonvention der UNO, der am 26.2.1990 erfolgte. In der Bundesrepublik Deutschland trat diese am 5.4.1992 in Kraft.[9] Es folgte die Initiative der Bundesregierung mit dem Nationalen Aktionsplan für ein kindgerechtes Deutschland. Auf die entsprechenden Gesetzesänderungen wird im Folgenden eingegangen. Der Kinderschutz verfolgt neben dem humanitären Anliegen, Kinder vor Schmerz und Demütigung zu bewahren, wesentlich das Ziel, die Gesellschaft vor künftigen Handlungen der misshandelten und vernachlässigten Kinder zu schützen, deren Übernahme von Gewalttätigkeiten sowie deren Entwicklung zu Straf-Tätern. Zur Erfüllung dieses Zieles hat sich die Notwendigkeit einer multiprofessionellen Prävention und Intervention immer mehr herauskristallisiert und die praktische Arbeit geprägt.

In diesem Sinne kündigte am 26.1.2010 die Bundesfamilienministerin *Kristina Köhler (jetzt: Schröder)* an, ein **Kinderschutzgesetz** auf den Weg zu bringen, das Prävention und Intervention gleichermaßen stärken solle. Bei einem Fachgespräch steckten Kinderschutz-Expertinnen und -Experten aus Ländern, Kommunen und von Fachorganisationen die Rahmenbedingungen für das neue Kinderschutzgesetz ab. Mit der Expertenrunde wurde der Gesprächsfaden aus der letzten Legislaturperiode wieder aufgenommen.[10] Am 14.12.2010 stellte das Ministerium Eckpunkte des neuen Gesetzes vor, das eine verbesserte Intervention und Prävention im Kinderschutz beinhaltet. Der Bundesrat unterstützte die zentralen Regelungsbereiche des Gesetzes. In wenigen Punkten vertraten die Länder eine abweichende Meinung, am 16.3.2011 wurde es durch das Kabinett verabschiedet. In der Sitzung im Dezember hatte der Bundesrat des Weiteren der **Reform des Vormundschaftsrechts** zugestimmt. Der von der Bundesjustizministerin vorgelegte **Entwurf** sieht vor, den persönlichen Kontakt des Vormunds zu den betreuten Kindern zu stärken:

„Die Bundesregierung wird den Schutz von Kindern in Deutschland umfassend und wirksam verbessern. Wesentlich sind dabei Leitlinien zur Sicherung der Rechte von Kindern und Jugendlichen, die Vorlage eines erweiterten Führungszeugnisses sowie eine engere Zusammenarbeit der Jugendämter beim Umzug einer Familie und der verstärkte Einsatz von Familienhebammen.

Prävention und Intervention sollen den Schutz der Kinder stärken. Das Gesetz basiert auf Erkenntnissen des Aktionsprogramms „Frühe Hilfen" und greift Erfahrungen aus der Arbeit der Runden Tische „Heimerziehung in den 50er und 60er Jahren" und „Sexueller Kindesmissbrauch" auf. Das Bundeskinderschutzgesetz soll am 1.1.2012 in Kraft treten.

Die Geburt eines Kindes stellt jede Familie vor neue Herausforderungen. Wenn das Familiensystem belastet und keine Unterstützung vorhanden ist, können Eltern zeitweise mit der Erziehung des Kindes überfordert sein. In solchen Situationen brauchen Familien eine niedrigschwellige und alltagstaugliche Unterstützung. Der

---

9 Bundesministerium für Familie, Senioren, Frauen und Jugend 2007.
10 www.mbjs.brandenburg.de

Aus- und Aufbau von Netzwerken Früher Hilfen ist ein wichtiger Schwerpunkt der Kinder- und Jugendpolitik des Bundesfamilienministeriums.

Mit dem Aktionsprogramm „Frühe Hilfen für Eltern und Kinder und soziale Frühwarnsysteme" des Bundesfamilienministeriums wurde eine wichtige Grundlage geschaffen, das gesunde und gewaltfreie Aufwachsen von Kindern und deren Schutz vor Vernachlässigung und Misshandlung durch frühzeitige Hilfe zu fördern. Um die Entwicklung Früher Hilfen bundesweit zu unterstützen wurde das Nationale Zentrum Frühe Hilfen eingerichtet."[11]

Wesentliche Eckpunkte für alle Institutionen enthält des Weiteren der „Aktionsplan 2011 der Bundesregierung zum Schutz von Kindern und Jugendlichen vor sexueller Gewalt und Ausbeutung", herausgegeben vom Bundesministerium für Familie, Senioren, Frauen und Jugend.[12]

---

11   www.bmfsfj.de...
12   Ebenda.

1 Begriffsbestimmungen/Statistik

1.1 Begriff Kindeswohlgefährdung

In der Kinderrechtskonvention ist im Artikel 3 (1) formuliert:

„Bei allen Maßnahmen, die Kinder betreffen, gleichviel ob sie von öffentlichen oder privaten Einrichtungen der sozialen Fürsorge, Gerichten, Verwaltungsbehörden oder Gesetzgebungsorganen getroffen werden, ist das Wohl des Kindes ein Gesichtspunkt, der vorrangig zu berücksichtigen ist.“ [13]

Was aber ist unter dem Aspekt des Kindeswohls zu berücksichtigen?

Eine eindeutige Definition des Begriffs Kindeswohl lässt sich in der Literatur und in den einschlägigen Gesetzen nicht finden. Dennoch gilt er als Orientierungs- und Entscheidungsmaßstab familiengerichtlichen bzw. kindschaftsrechtlichen Handelns. [14]

Die Kategorie Kindeswohl stellt einen unbestimmten Rechtsbegriff dar, einen wertenden Begriff, der stark psycho-sozialer Natur ist.

So dient er zur Legitimation für staatliche Eingriffe und ist Maßstab vieler rechtlicher Maßnahmen. Andererseits betrifft das Kindeswohl so viele psychologische, erzieherische, gesundheitliche, bildungspolitische, soziologische, zivil-, straf- und familienrechtliche Belange, dass ohne diese Kategorie die Schwierigkeit bestünde, einen Maßstab für die gedeihliche Entwicklung von Kindern zu definieren.

Maywald schlägt folgende Definition vor: *„Ein am Wohl des Kindes ausgerichtetes Handeln ist dasjenige, welches die an den Grundrechten und Grundbedürfnissen von Kindern orientierte, für das Kind jeweils günstigste Handlungsweise wählt.“* [15]

In der vom Kinderschutz-Zentrum Berlin veröffentlichten Schrift „KINDESWOHLGEFÄHRDUNG erkennen und helfen" werden dem Kindeswohl folgende Kriterien zugeordnet:

- Bedürfnis nach beständigen liebevollen Beziehungen.
- Das Bedürfnis nach körperlicher Unversehrtheit, Sicherheit und Regulation.
- Das Bedürfnis nach individuellen Erfahrungen.
- Bedürfnis nach entwicklungsgerechten Erfahrungen.
- Bedürfnis nach Grenzen und Strukturen.
- Bedürfnis nach stabilen, unterstützenden Gemeinschaften und kultureller Kontinuität.
- Bedürfnis nach einer sicheren Zukunft. [16]

Letztlich definieren die Eltern in Ausübung ihres Rechts zur Pflege und Erziehung ihrer Kinder gem. Artikel 6 des Grundgesetzes die jeweils dem Alter des Kindes angemessenen Maßnahmen zu dessen Wohl. Ist dieses gefährdet, übt die staatliche Gemeinschaft ein Wächteramt aus.

---

13 Bundesministerium für Familie, Senioren, Frauen und Jugend 2007, S. 10.
14 Dettenborn 2007, S. 47 ff.
15 Maywald 2008, S. 40.
16 Kinderschutz-Zentrum Berlin 2009, S. 23 f.

Die unterschiedlichen Aspekte, die bei der Betrachtung des Kindeswohls zu berücksichtigen sind, bewirken gleichermaßen eine Unbestimmtheit des Begriffs „Kindeswohlgefährdung". Laut Rechtsprechung des Bundesgerichtshofs (BGHFamRZ 1956,350=NJW 1956, 1434) handelt es sich bei Kindeswohlgefährdung um *„eine gegenwärtige, in einem solchen Maße vorhandene Gefahr, dass sich bei der weiteren Entwicklung eine erhebliche Schädigung mit ziemlicher Sicherheit voraussehen lässt."*

Das Kinderschutz-Zentrum Berlin bietet folgende Definition an:

„Kindeswohlgefährdung

- ist ein **das Wohl und die Rechte eines Kindes** (nach Maßgabe gesellschaftlich geltender Normen und begründeter professioneller Einschätzung)
- **beeinträchtigendes Verhalten oder Handeln** bzw. **ein Unterlassen einer angemessenen Sorge**
- durch **Eltern** oder **andere Personen**
- in **Familien** oder **Institutionen** (wie z.B. Heime, Kindertagesstätten, Schulen, Kliniken oder in bestimmten Therapien),
- das zu **nicht-zufälligen Verletzungen,**
- zu **körperlichen und seelischen Schädigungen**
- und/oder **Entwicklungsbeeinträchtigungen** eines Kindes führen kann,
- was **die Hilfe** und eventuell **das Eingreifen**
- **von Jugendhilfe-Einrichtungen und Familiengerichten**
- **in die Rechte der Inhaber der elterlichen Sorge**
- **im Interesse der Sicherung der Bedürfnisse und des Wohls des Kindes notwendig machen kann."** [17]

Diese Definition beschreibt den Begriff der Kindeswohlgefährdung richtigerweise als eine Kategorie, die auf präventive Eingriffe zur Gewährleistung des Kindeswohls abzielt. In einem möglichst frühzeitigen Stadium soll Hilfe geleistet werden. Hier sind in erster Linie die Institutionen angesprochen, die zur Hilfeleistung gesetzlich verpflichtet sind.

Wann tatsächlich eine Gefährdung vorliegt, ist trotz der Definition nicht eindeutig festzulegen. Die Kindeswohlgefährdung wird an ein Verhalten gebunden, das nach Maßgabe gesellschaftlich geltender Normen und begründeter professioneller Einschätzung als schädigend gilt. Es ist eine Frage der gesellschaftlichen Entwicklung und der entsprechenden Rechtsetzung, inwieweit Kinder der elterlichen (oder anderer Erziehungsverantwortlichen) ausgesetzt waren oder sind. „Wer sein Kind liebt, der züchtigt es" oder „Gelobt sei, was hart macht" sind Maximen für Erziehungspraktiken, die noch in den 30er und 40er Jahren des 20. Jahrhunderts bei den Eltern anerkannt waren.

„Was in einer Gesellschaft, zu einer bestimmten Zeit, in einer bestimmten Schicht, unter bestimmten Umständen im Umgang mit Kindern als normal angesehen wird und was nicht, ist Wandlungen unterworfen, ist grundsätzlich kontrovers und gilt nicht absolut." [18] (1980 wurde im Bürgerlichen Gesetzbuch (BGB) der

---

17 Kinderschutz-Zentrum Berlin 2009, S. 32.
18 Ebenda, S. 29

12

Begriff der „elterlichen Gewalt" durch den der „elterlichen Sorge" ersetzt. Erst seit 2000 ächtet das BGB ausdrücklich elterliche Gewalt.) Trotz der bereits erwähnten Kriterien zum Kindeswohl wird auch heute noch kontrovers diskutiert, was tatsächlich als Kindeswohlgefährdung anzusehen ist. Besonders schwierig gestaltet sich eine sichere Bewertung bei der Kindesvernachlässigung, wie im Folgenden noch dargestellt wird.

Wenn man nach Abwägung aller relevanten Gesichtspunkte zum Schluss kommt, dass in einer konkreten Situation eine Gefährdung vorliegt, konstruiert man ein Geschehen als Kindeswohlgefährdung und entwirft damit eine nie von allen Seiten geteilte, bestimmten Wertmaßstäben und Kriterien verpflichtete Version, die *„ein Ergebnis sozialen Aushandelns (,social negotiation') zwischen unterschiedlichen Wertvorstellungen und Überzeugungen, unterschiedlichen sozialen Normen und professionellen Auffassungen und Sichtweisen über Kinder, kindliche Entwicklung und elterliche Sorge ist"* [19].

Angesichts dieser Definitionsschwierigkeit wird deutlich, warum es in der Praxis oft Probleme bereitet, die *Einschreitschwelle* zu bestimmen.

Wann ein Einschreiten als notwendig bzw. überhaupt hilfreich angesehen wird, ist oft eine schwierige Entscheidung und manchmal leider erst eindeutig, wenn physische und/oder psychische Schäden beim Kind eingetreten sind. Meistens sind Kindesmisshandlung, Vernachlässigung und Kindesmissbrauch Indikatoren für tiefer liegende Probleme in der Familie.

In der Psychologie, Pädiatrie und Sozialarbeit wird bereits dann von Gefährdung gesprochen, wenn aufgrund vorliegender Risikofaktoren oder erkennbarer Schwierigkeiten die Wahrscheinlichkeit eines ungünstigen Entwicklungsverlaufes beim Kind als deutlich erhöht angesehen wird. [20]

Kindeswohlgefährdung kann durch Eltern oder andere Personen erfolgen, im häuslichen Milieu oder in anderen Institutionen. Damit werden die Dimensionen hinsichtlich der beteiligten Verantwortlichen deutlich.

Die Definition offenbart das **Spannungsfeld** zwischen der Entscheidung zur **Hilfeleistung** und dem **Eingriff in die Rechte der Sorgeberechtigten**.

Nur nach Scheitern aller anderen Möglichkeiten erfordert der Kinderschutz den Eingriff in das Elternrecht – so der Grundsatz. Eltern, die ihr Verhalten gegenüber ihrem Kind positiv ändern, sind für das Kindeswohl immer besser als jede professionelle Erziehung durch Fremde. Je mehr ein Kind aber den Umständen, die ihm schaden, ausgeliefert ist, desto eher muss verhindert werden, dass es der Unfähigkeit und Willkür von unfähigen bzw. unwilligen Eltern ausgesetzt ist.

1.2 Formen der Kindeswohlgefährdung

In der Literatur wird teilweise zwischen inner- und extrafamiliärer Kindeswohlgefährdung unterschieden. [21] Da bei dieser Art der Unterteilung zu viele Überschneidungen auftreten, wird die Charakterisierung der Formen von Kindeswohlgefährdung nach der Art der Einwirkung bzw. Unterlassung bevorzugt.

---

19 Parton/Thorpe/Wattam 1997, S. 67 (Zitiert in: Kinderschutz-Zentrum Berlin 2009, S. 29).
20 Kindler/Sann 2007, S. 42.
21 Vgl. Kruse/Oehmichen 1993, S. 13.

In diesem Sinne werden als Formen der Kindeswohlgefährdung unterschieden:

– Körperliche Misshandlung (auch Münchhausen Stellvertreter-Syndrom)
– Seelische Misshandlung/Deprivation
– Vernachlässigung
– Sexueller Missbrauch/Sexuelle Ausbeutung

Bei den folgenden Begriffsbestimmungen gilt zu berücksichtigen, dass die Verwirklichung dieser Formen, insbesondere wenn die Polizei einbezogen wird, häufig eine Kindeswohlbeeinträchtigung und nicht mehr nur dessen Gefährdung darstellt.

Bei **körperlicher Kindesmisshandlung** findet Gewalt im Sinne einer physischen Einwirkung auf das Kind statt, die zu einer physischen, psychischen und/oder auch sozialen Schädigung führt, die nicht unfallbedingt ausgelöst ist. Physische Schädigungen erfolgen als Verletzungen z.B. in Form von Knochenbrüchen, Hämatomen, Risswunden, Brand- und Verbrühungswunden, Unterkühlungen und Beschädigung innerer Organe. Sie werden mittels körperlichen Einsatzes des Täters (Hand- und Faustschläge, Fußtritte, Würgen und gewaltsames Schütteln) ausgeführt oder unter Verwendung von Gegenständen, wie zum Beispiel von Küchengeräten, Waffen, Stöcken und Gürteln. Mehrfache körperliche Einwirkungen können beim Kind Angstzustände, Verunsicherungen, aber auch Frustrationen und Aggressivität hervorrufen und damit neben den physischen auch psychische Schäden bewirken. Gravierende Fälle körperlicher Kindesmisshandlungen können auch zu bleibenden Behinderungen führen und damit soziale Schädigungen verursachen.

Körperliche Kindesmisshandlungen können einmalig geschehen (z.B. das Schütteln des schreienden Säuglings) oder regelmäßiger Bestandteil von „Erziehungspraktiken" sein.

Seelische Misshandlung „*beinhaltet eine feindliche oder abweisende, ablehnende oder ignorierende Verhaltensweise von Eltern oder Elternfiguren gegenüber dem Kinde, die das Persönlichkeits- und Selbstwerterleben des Kindes in schwerwiegender Weise angreifen oder schädigen.*"[22] Psychische Misshandlung umfasst somit chronische qualitativ und quantitativ ungeeignete und unzureichende, altersinadäquate Handlungen und Beziehungsformen von Sorgeberechtigten zu Kindern.

Die seelische Misshandlung ist oft die „lautlose" Form der Kindesmisshandlung. Das Kind wird ignoriert, verbal herabgesetzt (*„Aus dir wird ja nie was"*, oder die Bezeichnung *„Du Loser"*). Es wird ihm signalisiert, dass es stört, überflüssig ist, es erfährt keine liebevolle Zuwendung. Die seelische Misshandlung ist meistens auch mit anderen Formen der Kindesmisshandlung verbunden, weil Schläge, sexuelle Übergriffe und Vernachlässigung immer mit einer psychischen Beeinträchtigung des Kindes verbunden sind.

Jede körperliche Misshandlung oder Vernachlässigung, jeder sexuelle Missbrauch beinhaltet im Kern gleichzeitig eine seelische Misshandlung, da sie mit Demütigung, Erniedrigung, Liebesentzug und familiärer Rollenirritierung einhergehen. Aber auch, wenn die seelische Misshandlung die alleinige Methode

---

22 Erfurt/Schmidt 2009, S. 69.

darstellt, sind die Schädigungen der kindlichen Seele gravierend und prägen die Persönlichkeitsentwicklung.

In der Broschüre des Kinderschutz-Zentrums Berlin werden als Formen psychischer Gewalt auch richtigerweise benannt: Eskalierte Partnerschaftskonflikte/ Gewalt zwischen den Eltern/Häusliche Gewalt. Hier wird das Kind wiederholt Zeuge gewaltsamer Auseinandersetzungen zwischen den Eltern. Das Kind fühlt sich extrem ohnmächtig und hilflos, entwickelt Schuldgefühle, weil es nicht helfen kann. Hochstrittige, eskalierte Trennungs- und Sorgerechtskonflikte finden statt. Hier wird das Kind dem Dauerstreit – besser: dem Dauerkrieg – der getrennten Eltern ausgesetzt. Dieser Krieg tobt um das Sorge- und Besuchsrecht, um die Ausgestaltung der Kontakte, um die Frage, was gut für das Kind ist.[23]

Die Vernachlässigung ist eine situative oder andauernde und wiederholte Unterlassung fürsorglichen Handelns. Die sorgeverantwortlichen Personen handeln meistens aus Not, eigener Vernachlässigungserfahrung, aus Unkenntnis oder Unfähigkeit. Sie sind damit nicht in der Lage, die materiellen und seelischen Grundbedürfnisse eines Kindes zu befriedigen, d.h. es angemessen zu ernähren, zu pflegen, zu kleiden, zu beherbergen, vor äußeren und gesundheitlichen Gefahren zu schützen, es emotional und beziehungsmäßig sowie erzieherisch und schulisch zu fördern. Sie unterlassen auch die Beauftragung geeigneter Dritter zur Gewährleistung des fürsorglichen Handelns. Infolgedessen kommt es zu erheblichen Beeinträchtigungen der physischen und/oder psychischen Entwicklung des Kindes oder das Risiko solcher Folgen ist vorhersehbar hoch.[24]

Der sexuelle Missbrauch von Kindern durch Erwachsene (oder ältere Jugendliche) ist eine sexuelle Handlung mit einem Kind, das aufgrund seiner emotionalen und intellektuellen Entwicklung und aufgrund des ungleichen Machtverhältnisses zwischen Erwachsenen und Kindern nicht in der Lage ist, dieser sexuellen Handlung informiert und frei zuzustimmen.[25] Eine eigenständig verantwortliche Entscheidung zur Sexualität kann durch Kinder nicht getroffen werden. Der Erwachsene nutzt seine Autorität, die rechtliche, physische und psychische Abhängigkeit des Kindes sowie evtl. dessen Neugier, Zuneigung und Vertrauen aus. Die sexuellen Übergriffe können in Form von verbalen Beschreibungen, Zeigen pornografischer Abbildungen, Berührungen des Intimbereichs, Manipulationen an den Genitalien, Masturbation, Nötigung zu sexuellen Handlungen, oraler und/ oder genitaler bzw. analer Geschlechtsverkehr erfolgen. Möglich ist des Weiteren die sexuelle Ausbeutung eines Kindes, indem es zur Prostitution veranlasst oder gezwungen wird.

1.3 Verbreitung im Hell- und Dunkelfeld

Über die Anzahl der kindlichen Opfer im Hellfeld gibt die Polizeiliche Kriminalstatistik (PKS) Auskunft. Bei Verwendung von Zahlen aus dieser Statistik ist die Begrenztheit dieser Angaben zu beachten. Daten über Opfer werden in der PKS nur bei bestimmten Straftaten(gruppen) erfasst. Dabei handelt es sich um Delikte, die mit körperlicher Einwirkung auf das Kind verbunden sind. Insgesamt wurden im Jahr 2009 für die Delikte mit Opfererfassung 73 729 Kinder (bis

---

23 Vgl. Kinderschutz-Zentrum Berlin, S. 41.
24 Vgl. Ebenda, S. 43.
25 Vgl. Gallwitz, 1999, S. 35.

unter 14 Jahren) als Opfer ausgewiesen, davon waren 9581 unter 6 Jahre alt. Insgesamt waren somit 4,5 % aller Opfer unter 14 Jahre alt. [26]

Im Jahre 2009 wurden Kinder Todesopfer folgender Straftaten: Mord 20 kindliche Opfer, davon 14 unter 6 Jahren. Infolge von Totschlag/Tötung auf Verlangen gab es 48 Opfer, davon 41 im Alter unter 6 Jahren. Fahrlässige Tötung in Verbindung mit fahrlässigen Verkehrsdelikten forderte 76 Kinder als Opfer, davon waren 61 unter 6 Jahren alt.

Da bei Tötungsdelikten eine hohe Rate versuchter Handlungen vorliegt, ist die Zahl der Opfer bei versuchten Handlungen noch höher.

Insgesamt muss für das Jahr 2009 die Anzahl von 152 kindlichen Todesopfern festgestellt werden, und zwar neben den bereits genannten Straftaten auch in Folge von Körperverletzung mit Todesfolge, sexuellem Missbrauch mit Todesfolge und Tötung in Verbindung mit fahrlässigen Verkehrsdelikten. Weitere Delikte mit hohen Zahlen kindlicher Opfer sind Menschenraub, Entziehung Minderjähriger, Vergewaltigung, Körperverletzungsdelikte, sexueller Missbrauch, Straftaten gegen die persönliche Freiheit, Bedrohung sowie sonstige Raubüberfälle auf Straßen, Wegen und öffentliche Plätzen.

Aus der PKS 2010 ergibt sich folgende Übersicht zu kindlichen Opfern bei Gewaltdelikten:

Opfer nach Alter und Geschlecht

T17

Schlüssel	Straftaten(gruppen)		Opfer insgesamt (100%)	Geschlecht		Alter				
				männl.	weibl.	Kinder	Jugendliche	Heranwachsende	Erwachsene 21 < 60	60 und älter
				in %						
01 0000	Mord und Totschlag	vollendet	690	48,0	52,0	10,0	3,0	5,4	57,5	24,1
+02 0000		versucht	1911	70,0	30,0	3,0	4,6	8,5	75,7	8,2
		insges.	2601	64,1	35,9	4,9	4,2	7,7	70,9	12,4
11 0000	Straftaten gegen die sexuelle	vollendet	13279	8,4	91,6	10,6	26,1	15,0	46,7	1,5
	Selbstbestimmung unter Gewalt-	versucht	2502	4,9	95,1	6,2	20,3	15,4	56,0	2,0
	anwendung oder Ausnutzung eines	insges.	15781	7,8	92,2	9,9	25,2	15,1	48,2	1,6
	Abhängigkeitsverhältnisses									
21 0000	Raub, räuberische Erpressung	vollendet	43676	66,1	33,9	4,5	13,4	12,7	59,4	10,0
	und räuberischer Angriff auf	versucht	10967	66,3	33,7	8,7	13,7	10,7	55,5	11,4
	Kraftfahrer	insges.	54643	66,2	33,8	5,4	13,4	12,3	58,6	10,3
22 0000	Körperverletzung	vollendet	571445	63,4	36,6	7,3	11,8	13,6	62,9	4,4
		versucht	36651	71,0	29,0	4,5	6,8	8,5	74,6	5,6
		insges.	608096	63,9	36,1	7,1	11,5	13,3	63,6	4,5
23 0000	Straftaten gegen die	vollendet	216072	51,5	48,5	4,2	6,5	8,0	73,7	7,6
	persönliche Freiheit	versucht	5786	52,7	47,3	7,5	8,0	8,2	68,5	7,8
		insges.	221858	51,5	48,5	4,3	6,6	8,0	73,6	7,6

Abb. 1 Quelle: Bundesministerium des Innern (Hrsg.): Polizeiliche Kriminalstatistik (PKS) 2010, Kurzbericht. www.bka. S. 21.

---

26 Bundesministerium des Innern 2010.

Die nachfolgende Abbildung verdeutlicht die Opferanteile der Kinder bei ausgewählten Deliktgruppen 2010.

Verteilung der Opfer nach Altersgruppen (einschließlich der Versuche) bei:

Mord und Totschlag

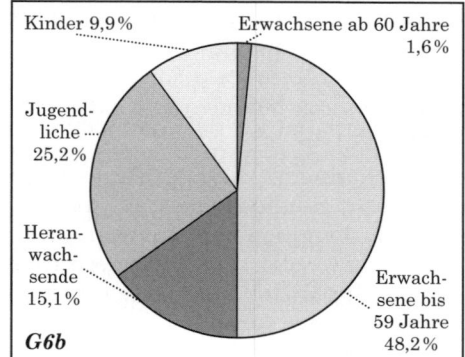

G6a

Straftaten gegen die sexuelle Selbstbestimmung

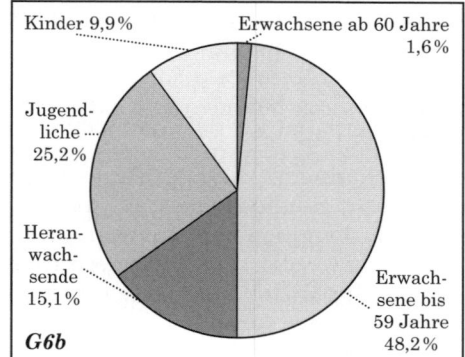

Raubdelikten

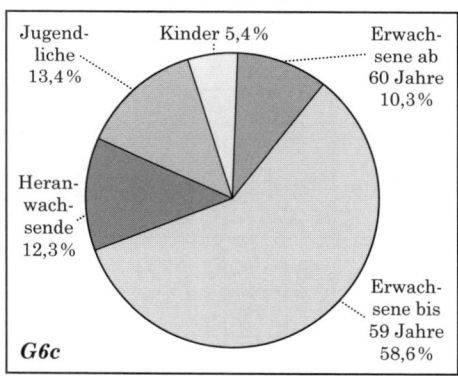

G6c

Körperverletzung

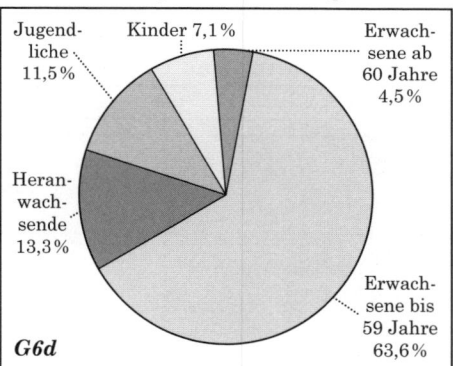

G6d

Straftaten gegen die persönliche Freiheit

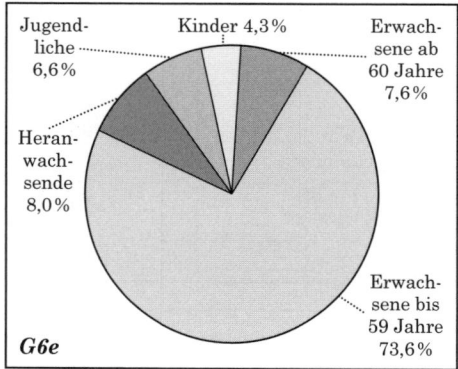

G6e

Abb. 2 *Quelle: Bundesministerium des Innern (Hrsg.): Polizeiliche Kriminalstatistik (PKS) 2010 Kurzbericht. www.bka.de, S.22*

17

Anhand von Akten der 4 Brandenburger Staatsanwaltschaften wurden 27 Fälle von Kindesvernachlässigung und Kindesmisshandlung mit Todesfolge oder schwerer Körperverletzung im Zeitraum 2000 bis 2005 untersucht. [27]

26 dieser Fälle sind körperliche Misshandlungen und bei einem Fall liegt eine Vernachlässigung vor. 15 Mädchen und 12 Jungen waren Opfer. Zwei Drittel unter 6 Monaten, nur zwei älter als 6 Jahre. Die betroffenen Kinder waren zur Tatzeit insgesamt im Alter bis zu 11 Jahren. Bei zwei Drittel der Opfer handelt es sich um einmalige Misshandlungen/Tötungen von Kindern. Auch bei diesen niedrigen Fallzahlen wird die hohe Gefährdung der jüngsten Altersgruppe deutlich, allerdings befinden sich darunter auch Kindstötungen unmittelbar nach der Geburt (9 Fälle).

In Anlehnung an die Begriffsbestimmung „Kindeswohlgefährdung" liegt der Fokus dieses Studienbriefes auf den Delikten, die durch Eltern oder andere Personen in Familien oder Institutionen mit Betreuungsauftrag begangen werden. Vorrangig werden die Delikte von Personen im sozialen Nahraum des Kindes begangen. Im Mittelpunkt stehen hierbei bezogen auf die Formen der Kindeswohlgefährdung der sexuelle Missbrauch von Kindern, die Misshandlung von Schutzbefohlenen, die Verletzung der Fürsorgepflicht, der Besitz bzw. das Verschaffen von Kinderpornografie sowie die Verbreitung von Kinderpornografie.

In der PKS sind diese Delikte mit den folgenden Fallzahlen registriert:

Tab. 1

	2005	2006	2007	2008	2009	2010
Sexueller Missbrauch von Kindern	13 962	12 765	12 772	12 052	11 319	11 867
Misshandlung von Schutzbefohlenen	4 149	4 342	4 578	4 576	4 677	5 006
Misshandlung von Kindern	2 905	3 131	3 373	3 426	3 490	3 738
Verletzung der Fürsorgepflicht	1 178	1 597	1 777	1 761	1 810	1 736
Kinderpornografie Besitz/Verschaffen	4 403	4 545	8 832	6 707	3 823	3 160
Kinderpornografie/ Verbreitung	*	2 773	2 525	2 755	3 145	2 687

* In der PKS 2005 nicht enthalten.

---

27   Leitner/Troschelt 2008.

Die steigenden Fallzahlen bei Misshandlung von Schutzbefohlenen sowie Verletzung der Fürsorgepflicht sind wahrscheinlich auf eine höhere Anzeigenbereitschaft der Bevölkerung zurückzuführen. Die Enttabuisierung des Themas Häusliche Gewalt und die vielfältigen Bemühungen in den Bundesländern, Eltern zu einer gewaltfreien Erziehung zu befähigen und betroffenen Kindern zu helfen, haben eine erhöhte Sensibilisierung der Bevölkerung bewirkt. Nachdem im Jahre 2009 die Fallzahlen beim sexuellen Missbrauch von Kindern den niedrigsten Stand seit 1993 aufwiesen, ist nunmehr wieder eine Steigerung zu erkennen. Ein Zusammenhang mit der öffentlichen Diskussion um die Missbrauchsfälle im Bereich kirchlicher Einrichtungen ist denkbar.

Besitz, Verschaffen bzw. Verbreiten von Kinderpornografie sind Kontrolldelikte und ihre Aufdeckung ist wesentlich von den Aktivitäten der Polizei abhängig.

Wird ein verzweigter Händlerring aufgedeckt, so steigen die Fallzahlen oft erheblich, wie es zum Bespiel im Jahre 2007 der Fall war (siehe vorgenannte Tabelle).

Insgesamt liegt bei den Delikten am Kind ein hohes Dunkelfeld vor.

Nach einem Bericht aus dem Jahr 2000 wurden etwa 150 000 Kinder von ihren Eltern körperlich misshandelt. [28]

Seit der Jahrhundertwende zeichnet sich offensichtlich ein Trend zur gewaltfreieren Erziehung ab. Das wird im Zweiten Periodischen Sicherheitsbericht, fußend auf einer Langzeitstudie von *Bussmann*, festgestellt. In einer Studie von *Bussmann* aus dem Jahr 1992, bei der 2400 Jugendliche aus Ost und West befragt wurden, gaben 81,5 % der Befragten an, Ohrfeigen kämen im Erziehungsalltag vor. 43,5 % berichteten über deftige Ohrfeigen und 30,6 % über eine „Tracht Prügel." [29] Im Jahr 2005 wurden Prügel mit dem Stock und Prügel mit der Folge von Blutergüssen von jeweils nur 5 % der Eltern angewandt. Die schallende Ohrfeige kam nur noch zu 16,5 % vor. Ohrfeigen sind jedoch mit 65,1 % immer noch häufiges „Erziehungsmittel".
Deegener fasst die Ergebnisse einiger Forschungsstudien zusammen, wonach Frauen zu 25 bis 31 % sexuelle Missbrauchshandlungen in ihrer Kindheit und Jugend angaben, 6 bis 8 % der Männer sagten dies ebenfalls aus. [30]

Während die Anzahl seelischer Misshandlungen von Kindern völlig ungeklärt ist, schätzt der Kinderschutzbund Vernachlässigungen von Kindern mit mindestens 50 000 jährlich ein.

2 Rechtliche Grundlagen des Kinderschutzes

2.1 Internationale und europäische Beschlüsse

Wie bereits im Kapitel 1 ausgeführt, verkündete 1959 die Generalversammlung der neugegründeten Vereinten Nationen in feierlicher Form die „Declaration of the Rights of the Child", die als maßgeblicher Ausgangspunkt der späteren Kinder- Rechtskonvention betrachtet werden kann.

---

28 Friedrich-Ebert-Stiftung 2000.
29 Bussmann zitiert bei Albert 2008, S. 53.
30 Deegener 2005, S. 50 ff.

Diese Kinderrechtskonvention ist, wie die meisten multilateralen Konventionen, nicht plötzlich entstanden, sondern das Ergebnis eines jahrzehntelangen Entwicklungsprozesses. Der Beginn dieses Prozesses lässt sich auf das Jahr 1924 datieren, in dem der Versammlung des Völkerbundes jene Prinzipien ans Herz gelegt wurden, die die private „Save the Children International Union" im Jahr zuvor aufgestellt hatte. Die Kinderrechtskonvention umfasst 54 Artikel. Die Kinderrechtsdeklaration der UNO fasst den Text in zehn Grundrechten zusammen:

„ 1. Das Recht auf Gleichbehandlung und Schutz vor Diskriminierung unabhängig von Religion, Herkunft und Geschlecht;

2. das Recht auf einen Namen und eine Staatsangehörigkeit;

3. das Recht auf Gesundheit;

4. das Recht auf Bildung und Ausbildung;

5. das Recht auf Freizeit, Spiel und Erholung;

6. das Recht sich zu informieren, sich mitzuteilen, gehört zu werden und sich zu versammeln;

7. das Recht auf Privatsphäre und eine gewaltfreie Erziehung im Sinne der Gleichberechtigung und des Friedens;

8. das Recht auf sofortige Hilfe in Katastrophen und Notlagen und auf Schutz vor Grausamkeit, Vernachlässigung, Ausnutzung und Verfolgung;

9. das Recht auf Familie, elterliche Fürsorge und ein sicheres Zuhause;

10. das Recht auf Betreuung bei Behinderung."[31]

Das Übereinkommen über die Rechte des Kindes wurde am 26.1.1990 von der Bundesrepublik Deutschland unterzeichnet (Zustimmung von Bundestag und Bundesrat durch Gesetz vom 17.2.1992 - BGBl. II S.121), am 6.3.1992 erfolgte die Hinterlegung der Ratifikationsurkunde beim Generalsekretär der Vereinten Nationen, am 5.4.1992 trat es für Deutschland in Kraft (Bekanntmachung vom 10.6.1992 - BGBl. II S. 990).

In diesem Zusammenhang sei noch einmal auf den Art. 3 verwiesen, in dem der Vorrang des Kindeswohls bei allen Maßnahmen verankert ist, die das Kind betreffen.

Bezogen auf das Kindeswohl, wie es im Kapitel 1 definiert worden ist, findet man in diesen Grundrechten die elementaren Rechte wieder, die den Schutz des Kindes im Sinne dieser Schrift beinhalten, wie z.B. vor seelischer Misshandlung (Schutz vor Diskriminierung), körperlicher Misshandlung (Recht auf Gesundheit und gewaltfreie Erziehung) sowie vor sexuellem Missbrauch und Vernachlässigung (Recht auf elterliche Fürsorge, Schutz vor Grausamkeit und Ausnutzung).

Die Kinderrechtskonvention ist keine starre, einmalige Erklärung, sondern wird ständig vervollkommnet. So wurde durch die Vertragsstaaten am 25.5.2000 das *„Fakultativprotokoll zum Übereinkommen über die Rechte des Kindes betreffend den Verkauf von Kindern, die Kinderprostitution und die Kinderpornografie"* vereinbart.[32] Hier wird insbesondere der mit dem Internet möglich gewordenen

---

31 CHAPTER IV HUMAN RIGHTS.
32 www.admin.ch/ch/ch/a/ff/2005/2853pdf

Ausweitung der Verbreitung und des Besitzes von Kinderpornografie Rechnung getragen.

Auf europäischer Ebene wurde eine Reihe von Initiativen und Übereinkommen organisiert, die sich mit dem Kinderschutz befassen. Beispielhaft erwähnt sei das Haagener Übereinkommen von 1996, das sich mit elterlicher Verantwortung und Kinderschutz auf internationaler Ebene befasst (Entscheidung des Rates 2003/93/EG). Am 3.2.2009 wurde die Empfehlung des Europäischen Parlaments an den Rat zur Bekämpfung der sexuellen Ausbeutung von Kinder und der Kinderpornografie (2008/2144(INI)) gegeben. [33]

Dem gingen eine Reihe von Initiativen voraus, wie Artikel 24 der Charta der Grundrechte der Europäischen Union, in dem der Anspruch des Kindes auf Schutz und Fürsorge verankert ist, der Rahmenbeschluss 2004/68/II des Rates vom 22.12.2003 zur Bekämpfung der sexuellen Ausbeutung von Kindern und der Kinderpornografie, das Übereinkommen des Europarates vom 13.7.2007 über den Schutz von Kindern vor sexueller Ausbeutung und sexuellem Missbrauch sowie die Entschließung vom 16.1.2008 im Hinblick auf eine EU- Kinderrechtsstrategie. [34]

2.2   Verankerung des Kinderschutzes im Grundgesetz

Das Erziehungsrecht der Eltern ist seit 1949 mit Verfassungsrang ausgestattet. Das Elterngrundrecht des Art. 6 Abs. 2 Satz 1 GG unterscheidet sich von nahezu allen anderen Grundrechten durch seinen Pflichtgehalt. *„Die Bestimmung enthält damit zwar ein Recht der Eltern, jedoch nicht primär ein Recht im eigenen Interesse, sondern eines um den Schutz des Kindes willen."* [35] In der Folge wurden im internationalen wie auch im nationalen Rahmen die Rechte des Kindes hinsichtlich seines Schutzes vor Repressalien immer differenzierter ausgestaltet.

Gemäß Artikel 2 steht jedermann das Recht auf freie Entfaltung seiner Persönlichkeit zu. Nach Art. 2 Abs. 2 des Grundgesetzes hat jeder – somit auch das Kind – das Recht auf Leben und körperliche Unversehrtheit. Die Freiheit der Person ist unverletzlich. So darf auch beim Kind in diese Rechte nur auf Grund eines Gesetzes eingegriffen werden. Aus Artikel 2 wird die verfassungsmäßige Schutzpflicht des Staates abgeleitet, wonach eine objektiv-rechtliche Pflicht der Staatsorgane zum Schutz der grundrechtlich gesicherten Individualgüter für Leben und Gesundheit seiner Bürger besteht. Je weniger sich also ein Mensch selbst helfen kann, wie etwa ein kleines Kind, desto größer ist die Schutzpflicht der Allgemeinheit bzw. des Staates ihm gegenüber. [36]

Im Artikel 6 des Grundgesetzes wird den Eltern die Verantwortung übertragen, die Erziehung ihrer Kinder wahrzunehmen. Eltern haben immer zugleich die Grundrechte von Kindern in der Erziehung zu berücksichtigen. Diese Grundrechte stellen daher im Binnenverhältnis keine Schranke dar, sondern bilden ein wesentliches Merkmal der elterlichen Pflichtbindung. [37] In diesem Sinne sind die den Eltern zuvörderst auferlegte Pflicht und das natürliche Recht zur Pflege und Erziehung der Kinder zu verstehen. Andererseits ist es häufig gerade die Familie, in der das Kindeswohl gefährdet oder gar geschädigt wird. Wie bereits dargelegt,

---

33   www.europarl.europa.eu/sides/getDoc.do?pubRef=-//EP//TEXT+P6-TA-2009-0040+0+Doc+XML+VO//DE
34   Ebenda.
35   Wiesner 2005, S. 284.
36   v. Hasseln 2004, S. 29.
37   Bussmann 2000, S. 11.

deutete man bis in die jüngste Vergangenheit das Züchtigungsrecht als ein natürliches Recht der Erziehung. So ist im Art. 6 Abs. 2, Satz 2 über das natürliche Recht und die den Eltern obliegenden Pflichten bestimmt: *„Über ihre Betätigung wacht die staatliche Gemeinschaft.“* Dieses staatliche Wächteramt verpflichtet die Gemeinschaft, über die Ausübung des Rechtes der Eltern zur Pflege und Erziehung der Kinder zu wachen, damit Kindeswohlgefährdungen begegnet werden kann. Der besondere Schutz der Mutter und deren Anspruch auf Fürsorge der Gemeinschaft richten sich gleichzeitig auf das Wohl des Kindes, denn nur ein geschützter „Mutter-Status“ ermöglicht das Wohlergehen des Kindes.

2.3 Regelungen im Zivil- und Sozialrecht

2.3.1 Bürgerliches Gesetzbuch (BGB)

Am 1.1.1980 wurden die Bestimmungen über das Recht der elterlichen Sorge (neuer Begriff anstelle „elterliche Gewalt“) im Zivilrecht geändert.

Durch diese Neuregelung wurden

— die Pflichtgebundenheit der Eltern stärker betont,

— die Mitbestimmungsmöglichkeiten des Kindes stärker berücksichtigt und

— die Eingriffsmöglichkeiten des Staates zugunsten gefährdeter Kinder erweitert. [38]

§ 1626 BGB knüpft an die Art. 2 und 6 des Grundgesetzes an, wenn dort verankert ist:

„(1) Die Eltern haben die Pflicht und das Recht, für das minderjährige Kind zu sorgen (elterliche Sorge). Die elterliche Sorge umfasst die Sorge für die Person des Kindes (Personensorge) und das Vermögen des Kindes (Vermögenssorge).

(2) Bei der Pflege und Erziehung berücksichtigen die Eltern die wachsende Fähigkeit und das wachsende Bedürfnis des Kindes zu selbstständigem verantwortungsbewusstem Handeln. Sie besprechen mit dem Kind, soweit es nach dessen Entwicklungsstand angezeigt ist, Fragen der elterlichen Sorge und streben Einvernehmen an.“

Gem. **§ 1627 BGB** wird den Eltern die Ausübung der Personensorge wie folgt übertragen:

„Die Eltern haben die elterliche Sorge in eigener Verantwortung und in gegenseitigem Einvernehmen zum Wohl des Kindes auszuüben. Bei Meinungsverschiedenheiten müssen sie versuchen, sich zu einigen.“

So wird in **§ 1631 BGB** Abs. 1 formuliert:

„Die Personensorge umfasst insbesondere die Pflicht und das Recht, das Kind zu pflegen, zu erziehen, zu beaufsichtigen und seinen Aufenthalt zu bestimmen.“

Die Art der Erziehung umfasste noch lange das Züchtigungsrecht. In Deutschland bestand seit 1896 ein Züchtigungsrecht des Vaters über seine Kinder. § 1631 Abs. 2 BGB alter Fassung lautete: *„Kraft Erziehungsrechts darf der Vater angemessene Zuchtmittel gegen das Kind anwenden.“*

---

38 Schmidt 1990, S. 59.

Im Rahmen der Reform des Kindschaftsrechts von 1998 (mit dem Kindschafts-rechtsreformgesetz vom 1.7.1998) wurde **§ 1631 Abs. 2 BGB** so umformuliert: *„Entwürdigende Erziehungsmaßnahmen insbesondere körperliche und seelische Misshandlungen sind unzulässig."* Diese Formulierung stellte noch kein generel-les Züchtigungsverbot dar, sondern richtete sich nur gegen „entwürdigende" Er-ziehungsmaßnahmen. Im November 2000 wurde **§ 1631, Absatz 2, Satz 1 BGB**, so geändert: *„Kinder haben ein Recht auf gewaltfreie Erziehung. Körperliche Be-strafungen seelische Verletzungen und andere entwürdigende Maßnahmen sind unzulässig."*

§ 1631 Absatz 2 Satz 2 BGB stellt nun ein Verbot für die Eltern dar. Sie dürfen bei der Ausübung der Personensorge körperliche Bestrafungen, seelische Verlet-zungen und andere entwürdigende Maßnahmen nicht mehr verwenden. Damit gibt es seit 2000 in Deutschland kein elterliches Züchtigungsrecht mehr.

Im BGB sind auch die zivilrechtlichen Möglichkeiten der Reaktion auf Kindes-wohlgefährdungen fixiert.

§ 1666 BGB beinhaltet die gerichtlichen Maßnahmen bei Gefährdung des Kin-deswohls:

„(1) Wird das körperliche, geistige oder seelische Wohl des Kindes oder sein Vermögen gefährdet und sind die Eltern nicht gewillt oder nicht in der Lage, die Gefahr abzuwenden, so hat das Familiengericht die Maßnahmen zu treffen, die zur Abwendung der Gefahr erforderlich sind.

(2) In der Regel ist anzunehmen, dass das Vermögen des Kindes gefährdet ist, wenn der Inhaber der Vermögenssorge seine Unterhaltspflicht gegenüber dem Kind oder seine mit der Vermögenssorge verbundenen Pflichten verletzt oder An-ordnungen des Gerichts, die sich auf die Vermögenssorge beziehen, nicht befolgt.

(3) Zu den gerichtlichen Maßnahmen nach Absatz 1 gehören insbesondere
1. Gebote, öffentliche Hilfen wie zum Beispiel Leistungen der Kinder- und Ju-gendhilfe und der Gesundheitsfürsorge in Anspruch zu nehmen,
2. Gebote, für die Einhaltung der Schulpflicht zu sorgen,
3. Verbote, vorübergehend oder auf unbestimmte Zeit die Familienwohnung oder eine andere Wohnung zu nutzen, sich in einem bestimmten Umkreis der Wohnung aufzuhalten oder zu bestimmende andere Orte aufzusuchen, an denen sich das Kind regelmäßig aufhält,
4. Verbote, Verbindung zum Kind aufzunehmen oder ein Zusammentreffen mit dem Kind herbeizuführen,
5. die Ersetzung von Erklärungen des Inhabers der elterlichen Sorge,
6. die teilweise oder vollständige Entziehung der elterlichen Sorge.

(4) In Angelegenheiten der Personensorge kann das Gericht auch Maßnahmen mit Wirkung gegen einen Dritten treffen."

In besonders gravierenden Fällen kann nach § 1666a BGB die Trennung des Kin-des von der elterlichen Familie bzw. der Entzug der Personensorge erfolgen.

Weitere Maßnahmen bei Gefährdung des Kindesvermögens sind in § 1667 BGB festgelegt.

2.3.2 Kinder- und Jugendhilfe Sozialgesetzbuch (SGB) VIII

Das Kinder- und Jugendhilfe Sozialgesetzbuch (KJHG) ist ein Instrument zur Vorbeugung, zur Hilfestellung und zum Schutz von Kindern und Jugendlichen.

Dem Gesetz liegt ein neues Verständnis von Kinder- und Jugendhilfe zugrunde. Im Vordergrund stehen die Förderung der Entwicklung junger Menschen und deren Integration in die Gesellschaft durch allgemeine Förderungsangebote und Leistungen in unterschiedlichen Lebenssituationen.

Nach § 2 des KJHG erbringt die Jugendhilfe Leistungen und erfüllt andere Aufgaben zugunsten junger Menschen und ihrer Familien. Sie dient der Verwirklichung der Ziele des § 1 Abs. 3 SGB VIII.

Die grundlegenden Aufgaben der Kinder- und Jugendhilfe sind im **§ 1 SGB VIII** festgeschrieben:

„(1) Jeder junge Mensch hat ein Recht auf Förderung seiner Entwicklung und auf Erziehung zu einer eigenverantwortlichen und gemeinschaftsfähigen Persönlichkeit… .

(3) Jugendhilfe soll zur Verwirklichung des Rechts nach Absatz 1 insbesondere
1. junge Menschen in ihrer individuellen und sozialen Entwicklung fördern und dazu beitragen, Benachteiligungen zu vermeiden oder abzubauen,
2. Eltern und andere Erziehungsberechtigte bei der Erziehung beraten und unterstützen,
3. Kinder und Jugendliche vor Gefahren für ihr Wohl schützen,
4. dazu beitragen, positive Lebensbedingungen für junge Menschen und ihre Familien sowie eine kinder- und familienfreundliche Umwelt zu erhalten oder zu schaffen."

Im Jahr 2007 wurde § 8a in das SGB VIII eingefügt, um eine gesicherte Rechtsgrundlage für das Handeln der Fachkräfte zu schaffen.

§ 8a ist mit „Schutzauftrag bei Kindeswohlgefährdung" überschrieben.

Im Abs. 1 ist festgelegt, dass bei Bekanntwerden von Anhaltspunkten für eine Gefährdung die Abschätzung des Gefährdungsrisikos im Zusammenwirken mehrerer Fachkräfte zu erfolgen hat.

Abs. 4 hebt das Wächteramt hervor:

„Soweit zur Abwendung der Gefährdung das Tätigwerden anderer Leistungsträger, der Einrichtungen der Gesundheitshilfe oder der Polizei notwendig ist, hat das Jugendamt auf die Inanspruchnahme durch die Personensorgeberechtigten oder die Erziehungsberechtigten hinzuwirken. Ist ein sofortiges Tätigwerden erforderlich und wirken die Personensorgeberechtigten oder die Erziehungsberechtigten nicht mit, so schaltet das Jugendamt die anderen zur Abwendung der Gefährdung zuständigen Stellen selbst ein."

§ 8a SGB VIII ist keine Aufgabe i.S.d. § 2 SGB VIII, sondern ein vor die Klammer der Aufgaben gezogener Grundsatz, der bei der Aufgabenerfüllung zu beachten ist. In ihm kommt zum Ausdruck, dass Jugendhilfe Hilfe durch Leistung und Eingriff ist und sich nicht darauf beschränken kann, mit den Eltern „ausgehandelte" Leistungen zu erbringen, wie nach Inkrafttreten des SGB VIII von den Kündern eines Paradigmenwechsels in der Jugendhilfe insinuiert wurde. § 8a SGB VIII ist ein „Fahrplan" für das Jugendamt, wenn es Hinweise auf eine Kindeswohlgefährdung erhält. [39]

---

39 Kunkel 2010.

Laut regierungsamtlicher Begründung will der Gesetzgeber mit Einführung dieses Paragrafen klarstellen," *dass das Jugendamt Hinweisen auf drohende Kindeswohlgefährdung nachgehen, sich weitere Informationen zur Klärung verschaffen und sodann eine Risikoabwägung dahin gehend vornehmen muss, ob das Kind besser durch Hilfe in der Familie (z.B. das Angebot von Hilfe zur Erziehung nach den §§ 27 ff SGB VIII) oder die Einschaltung des Familiengerichts im Hinblick auf Maßnahmen nach den §§ 1666, 1666a BGB geschützt werden kann oder ob schließlich andere Institutionen wie Polizei oder Psychiater informiert werden müssen, weil sie im Hinblick auf Kindeswohlgefährdung die geeigneten Institutionen zur Abwehr der Gefährdung sind.* "[40]

Auf weitere Aufgaben der Jugendhilfe wird in 7.1 eingegangen.

2.3.3 Weitere gesetzliche Grundlagen des Kinderschutzes

Kinderschutz ist in weiteren Gesetzen und Verordnungen enthalten. Eine wichtige Rolle spielt dabei das Jugendschutzgesetz vom 23.7.2002 (BGBl. I S. 2730) mit der letzten Änderung vom 31.10.2008 (BGBl. I S. 2149). Mit § 1 bezieht sich dieses Gesetz auch auf Kinder. In ihm wird insbesondere geregelt der Aufenthalt in Gaststätten sowie bei öffentlichen Tanzveranstaltungen. Es enthält Bestimmungen zur Anwesenheit von Kindern und Jugendlichen in Spielhallen, bei Glücksspielen und jugendgefährdenden Veranstaltungen und Betrieben sowie zu jugendgefährdenden Orten, zum Rauchen und zum Alkoholgenuss. Des Weiteren sind der Besuch von Filmveranstaltungen, der Umgang mit Bildträgern von Filmen, mit Bildschirmträgen sowie die Kennzeichnung von Filmen, von Film- und Spielprogrammen und jugendgefährdenden Medien geregelt.

Die Kindertagesstätten-Gesetze der Länder, das Schulrecht, die Kinderarbeitsschutzverordnung und Vorschriften zur schulpsychologischen Beratung sind u.a. weitere wichtige Regelungswerke auf dem Gebiet des Kinderschutzes. Auf polizeirechtliche Maßnahmen wird unter 7.1 eingegangen.

2.4 Ausgestaltung des strafrechtlichen Schutzes

Es kommen viele Delikte in Betracht, die das Kindeswohl gefährden bzw. schädigen können. Im Sinne dieses Studienbriefes soll eine Konzentration auf die Straftaten erfolgen, die durch Erwachsene bzw. ältere Jugendliche gegenüber Kindern begangen werden, bei denen überwiegend ein Abhängigkeits – bzw. Autoritätsgefälle ausgenutzt wird.

Somit gehören zu den häufigsten im **StGB** verzeichneten Straftaten:

- § 171   Verletzung der Fürsorge- und Erziehungspflicht
- § 176   Sexueller Missbrauch von Kindern
- §§ 176a, 176b   Schwerer sexueller Missbrauch von Kindern, Sexueller Missbrauch von Kindern mit Todesfolge
- § 180   Förderung sexueller Handlungen Minderjähriger
- § 184b   Verbreitung, Erwerb und Besitz kinderpornografischer Schriften
- §§ 211, 212   Mord, Totschlag

---

40 Bundestagsdrucksache 2004.

- § 221   Aussetzung
- §§ 223, 224, 225   Körperverletzungsdelikte
- § 225   Misshandlung von Schutzbefohlenen
- § 227   Körperverletzung mit Todesfolge

Straftaten zu § 218 ff. StGB bezüglich Schwangerschaftsabbruch werden in diesem Studienbrief nicht näher erläutert.

Entsprechend der am Anfang dieses Abschnittes vorgenommenen Begrenzung sollen im Folgenden die wesentlichsten Delikte erörtert werden, die hinsichtlich der Kindeswohlgefährdung von besonderer Relevanz sind.

§ 171 StGB Verletzung der Fürsorge-und Erziehungspflicht

„Wer seine Fürsorge- oder Erziehungspflicht gegenüber einer Person unter sechzehn Jahren gröblich verletzt und dadurch den Schutzbefohlenen in die Gefahr bringt, in seiner körperlichen oder psychischen Entwicklung erheblich geschädigt zu werden, einen kriminellen Lebenswandel zu führen oder der Prostitution nachzugehen, wird mit Freiheitsstrafe bis zu drei Jahren oder mit Geldstrafe bestraft."

Dieses Gefährdungsdelikt kann nur durch Personen begangen werden, denen auf Grund von Gesetz, Übertragung durch Behörden, Vertrag oder faktische Übernahme Pflicht zur Erziehung oder Fürsorge übertragen wurde. [41]

Voraussetzung ist die gröbliche Verletzung von Pflichten (vgl. § 1666 BGB), d.h. die Tat/die Unterlassung muss subjektiv und objektiv schwerwiegend sein. Die Handlung kann einmalig sein, meist ist jedoch die Gefährdung der Gesundheit und der persönlichen Integrität durch nur eine Handlung nicht gegeben. Die Tathandlung kann durch Tun und Unterlassen erfolgen. Nachzuweisen ist die Gefährdung der körperlichen und/oder psychischen Entwicklung, d.h. dass in deutlicher Abweichung von der Normalentwicklung eine Schädigung eintritt. [42]

Diese Schädigung muss von Erheblichkeit sein; Grundlage kann hier nur der konkret gegebene Entwicklungsstand sein. So kann eine Entwicklungsverzögerung körperlicher und psychischer Art vorliegen. „Krimineller Lebenswandel" und der „Prostitution nachgehen" gelten als herausgehobene Beispielsfälle.

§ 176 StGB Sexueller Missbrauch von Kindern

„(1) Wer sexuelle Handlungen an einer Person unter vierzehn Jahren (Kind) vornimmt oder an sich von dem Kind vornehmen lässt, wird mit Freiheitsstrafe von sechs Monaten bis zu zehn Jahren bestraft.

(2) Ebenso wird bestraft, wer ein Kind dazu bestimmt, dass es sexuelle Handlungen an einem Dritten vornimmt oder von einem Dritten an sich vornehmen lässt.

(3) In besonders schweren Fällen ist auf Freiheitsstrafe nicht unter einem Jahr zu erkennen.

(4) Mit Freiheitsstrafe von drei Monaten bis zu fünf Jahren wird bestraft, wer

---

41   Fischer 2011, S.1116.
42   Ebenda, S. 1117.

1. *sexuelle Handlungen vor einem Kind vornimmt,*
2. *ein Kind dazu bestimmt, dass es sexuelle Handlungen vornimmt, soweit die Tat nicht nach Absatz 1 oder Absatz 2 mit Strafe bedroht ist,*
3. *auf ein Kind durch Schriften (§ 11 Abs. 3) einwirkt, um es zu sexuellen Handlungen zu bringen, die es an oder vor dem Täter oder einem Dritten vornehmen oder von dem Täter oder einem Dritten an sich vornehmen lassen soll, oder*
4. *auf ein Kind durch Vorzeigen pornografischer Abbildungen oder Darstellungen, durch Abspielen von Tonträgern pornografischen Inhalts oder durch entsprechende Reden einwirkt.*

(5) Mit Freiheitsstrafe von drei Monaten bis zu fünf Jahren wird bestraft, wer ein Kind für eine Tat nach den Absätzen 1 bis 4 anbietet oder nachzuweisen verspricht oder wer sich mit einem anderen zu einer solchen Tat verabredet.

(6) Der Versuch ist strafbar; dies gilt nicht für Taten nach Absatz 4 Nr. 3 und 4 und Absatz 5."

§ 176 StGB schützt die Entwicklung sexueller Selbstbestimmungsfähigkeit von Kindern. *„Die Vorschrift bestimmt eine* **absolute Grenze** *für den sexualbezogenen Umgang strafmündiger Personen mit Kindern; solche Kontakte sind ausnahmslos verboten."*[43] Opfer dieser Tat kann somit nur ein Junge oder ein Mädchen unter 14 Jahren sein. Tatbestandlich werden die verschiedenen Alternativen der sexuellen Handlungsmöglichkeiten beschrieben, die Handlungen des Kindes an sich selbst, am Täter, an oder vor Dritten, vom Täter oder Dritten am Kind oder an sich selbst vor dem Kind sowie die Einwirkung auf das Kind durch Reden oder mittels verschiedener Medien. Auch das Anbieten bzw. Nachweisen eines Kindes für sexuelle Handlungen wird mit Strafe bedroht.

Ein besonders schwerer Fall nach Abs. 3 ist gegeben, wenn ungewöhnliche Dauer oder Intensität der Handlungen vorliegt, insbesondere beim Opfer durch Angst, Bedrohungen und Gewalt erhebliche psychische Schäden verursacht werden.

§ 176a StGB Schwerer sexueller Missbrauch von Kindern formuliert den Missbrauch als Verbrechen, wenn der Täter innerhalb von fünf Jahren rückfällig wurde. Ebenso ist es ein Verbrechen, wenn der Täter als eine Person über achtzehn Jahren mit dem Kind den Beischlaf vollzieht bzw. Handlungen begeht, die mit dem Eindringen in den Körper verbunden sind. Zum Verbrechen qualifiziert wird der sexuelle Missbrauch auch, wenn mehrere Täter gemeinschaftlich handeln oder wenn das Kind durch die Tat in die Gefahr einer schweren Gesundheitsschädigung oder einer erheblichen Schädigung der körperlichen oder seelischen Entwicklung gebracht wird. Strafverschärfung (nicht unter zwei Jahren Freiheitsstrafe) tritt ein, wenn mit der Absicht gehandelt wird, die Tat als Gegenstand einer pornografischen Schrift zu machen, die nach § 184b Abs. 1 bis 3 StGB verbreitet werden soll. Freiheitsstrafe nicht unter fünf Jahren wird angedroht, wer das Kind körperlich schwer misshandelt oder durch die Tat in die Gefahr des Todes bringt.

§ 176b StGB Sexueller Missbrauch von Kindern mit Todesfolge sieht ein erhöhtes Strafmaß – lebenslange Freiheitsstrafe oder Freiheitsstrafe nicht unter zehn Jahren – vor, wenn durch den sexuellen Missbrauch (§§ 176 und 176a StGB) wenigstens leichtfertig der Tod des Kindes verursacht wurde.

---

43 Ebenda, S. 1167.

§ 184b StGB Verbreitung, Erwerb und Besitz kinderpornografischer Schriften

„(1) Wer pornografische Schriften (§ 11 Abs. 3), die sexuelle Handlungen von, an oder vor Kindern (§ 176 Abs. 1) zum Gegenstand haben (kinderpornografische Schriften),

1. verbreitet,

2. öffentlich ausstellt, anschlägt, vorführt oder sonst zugänglich macht oder

3. herstellt, bezieht, liefert, vorrätig hält, anbietet, ankündigt, anpreist, einzuführen oder auszuführen unternimmt, um sie oder aus ihnen gewonnene Stücke im Sinne der Nummer 1 oder Nummer 2 zu verwenden oder einem anderen eine solche Verwendung zu ermöglichen, wird mit Freiheitsstrafe von drei Monaten bis zu fünf Jahren bestraft.

(2) Ebenso wird bestraft, wer es unternimmt, einem anderen den Besitz von kinderpornografischen Schriften zu verschaffen, die ein tatsächliches oder wirklichkeitsnahes Geschehen wiedergeben.

(3) In den Fällen des Absatzes 1 oder des Absatzes 2 ist auf Freiheitsstrafe von sechs Monaten bis zu zehn Jahren zu erkennen, wenn der Täter gewerbsmäßig oder als Mitglied einer Bande handelt, die sich zur fortgesetzten Begehung solcher Taten verbunden hat, und die kinderpornografischen Schriften ein tatsächliches oder wirklichkeitsnahes Geschehen wiedergeben.

(4) Wer es unternimmt, sich den Besitz von kinderpornografischen Schriften zu verschaffen, die ein tatsächliches oder wirklichkeitsnahes Geschehen wiedergeben, wird mit Freiheitsstrafe bis zu zwei Jahren oder mit Geldstrafe bestraft. Ebenso wird bestraft, wer die in Satz 1 bezeichneten Schriften besitzt.

(5) Die Absätze 2 und 4 gelten nicht für Handlungen, die ausschließlich der Erfüllung rechtmäßiger dienstlicher oder beruflicher Pflichten dienen.

(6) In den Fällen des Absatzes 3 ist § 73d anzuwenden. Gegenstände, auf die sich eine Straftat nach Absatz 2 oder Absatz 4 bezieht, werden eingezogen. § 74a ist anzuwenden.“

Zum sexuellen Missbrauch von Kindern gehören auch

§ 174b StGB (Sexueller Missbrauch unter Ausnutzung einer Amtsstellung),
§ 174c StGB (Sexueller Missbrauch unter Ausnutzung eines Beratungs-, Behandlungs- oder Betreuungsverhältnisses,
§ 179 StGB (Sexueller Missbrauch widerstandsunfähiger Personen) und
§ 180 (Förderungen sexueller Handlungen Minderjähriger).

Bezüglich der oftmals international organisierten sexuellen Ausbeutung von Kindern sind auch die Tatbestände des Menschenhandels gem. §§ 232, 233, 233a StGB, der Kindesentziehung gem. § 235 StGB und des Kinderhandels gem. § 236 StGB von Belang.

In diesem Zusammenhang ist der § 5 StGB von Bedeutung. Er erweitert die Geltung des deutschen Strafrechts auch auf Straftaten im Ausland, wenn es sich u.a. um...

„8. Straftaten gegen die sexuelle Selbstbestimmung (handelt, Verf.)

a) in den Fällen des § 174 Abs. 1 und 3, wenn der Täter und der, gegen den die Tat begangen wird, zur Zeit der Tat Deutsche sind und ihre Lebensgrundlage im Inland haben, und

b) in den Fällen §§ 176 bis 176b und 182, wenn der Täter Deutscher ist.“

§ 225 StGB Misshandlung von Schutzbefohlenen

„(1) Wer eine Person unter achtzehn Jahren oder eine wegen Gebrechlichkeit oder Krankheit wehrlose Person, die
1. seiner Fürsorge oder Obhut untersteht,
2. seinem Hausstand angehört,
3. von dem Fürsorgepflichtigen seiner Gewalt überlassen worden oder
4. ihm im Rahmen eines Dienst- oder Arbeitsverhältnisses untergeordnet ist,
quält oder roh misshandelt, oder wer durch böswillige Vernachlässigung seiner Pflicht, für sie zu sorgen, sie an der Gesundheit schädigt, wird mit Freiheitsstrafe von sechs Monaten bis zu zehn Jahren bestraft.

(2) Der Versuch ist strafbar.

(3) Auf Freiheitsstrafe nicht unter einem Jahr ist zu erkennen, wenn der Täter die schutzbefohlene Person durch die Tat in die Gefahr
1. des Todes oder einer schweren Gesundheitsschädigung oder
2. einer erheblichen Schädigung der körperlichen oder seelischen Entwicklung bringt.

(4) In minder schweren Fällen des Absatzes 1 ist auf Freiheitsstrafe von drei Monaten bis zu fünf Jahren, in minder schweren Fällen des Absatzes 3 auf Freiheitsstrafe von sechs Monaten bis zu fünf Jahren zu erkennen.“

Dieser Paragraf schützt nicht nur Kinder, sondern auch Personen bis zu 17 Jahren sowie wehrlose Personen. Hier muss das Kind (bei Kindeswohlgefährdung) der Fürsorge oder Obhut des Täters unterstehen.[44] Zwischen dem Misshandler und dem Opfer muss eine enge Beziehung bestehen, d.h. es liegt ein Schutzbefohlenen-Verhältnis vor. Die Täter sind die Eltern, Pflegeeltern, Adoptiveltern oder Personen, denen Erziehungsrechte übertragen wurden.

Von besonderer Bedeutung ist Abs. 1 Nr. 3., wonach von dem Fürsorgepflichtigen das Kind der Gewalt des Täters überlassen wurde. Das ist häufig der Fall, wenn die Mutter des Kindes mit einem Lebensgefährten zusammen wohnt und dessen gewalttätige Übergriffe auf das Kind duldet.

Die Tathandlungen bestehen im **Quälen, rohen Misshandeln** und in der **böswilligen Vernachlässigung**. Quälen ist das Verursachen länger dauernder oder sich wiederholender Schmerzen oder Leiden.[45] Typischerweise liegen hier mehrere Handlungen vor. Auch die Verursachung seelischen Leidens (Todesangst auslösen) genügt. **Rohes Misshandeln** setzt eine gefühllose, fremdes Leiden missachtende Gesinnung voraus, wie z.B. Schlagen mit Gegenständen, die Verletzungen am Körper hinterlassen. Meistens geht es hier um die wiederholte Zufügung von erheblichen Verletzungen. Eine Gesundheitsschädigung durch böswillige **Vernachlässigung** liegt vor, wenn die Vernachlässigung der Sorgepflicht die gesunde Entwicklung des Kindes beeinträchtigt.[46]

Böswillig ist die Vernachlässigung, wenn sie aus vorwerfbaren, vor allem eigensüchtigen Beweggründen erfolgt (z.B. die Mutter lässt das Kind längere Zeit allein, weil sie sich vergnügen will).

---

44 Fischer 2011, a.a.O., S. 1543.
45 Ebenda, S. 1544.
46 Ebenda.

3 Körperliche und seelische Kindesmisshandlung

3.1 Begehungsweisen

Bei der körperlichen Kindesmisshandlung handelt es sich um die Einwirkung auf das Kind mittels physischer Kraft, die bei dem Kind zu physischen und auch psychischen Schäden führt.

Als körperliche Misshandlungsarten werden insbesondere angetroffen:

- Schlagen, Stoßen, Treten;
- Würgen, Drosseln, Kratzen, Beißen, Kneifen, Erstickungsversuche;
- an den Haaren/Ohren-Ziehen, Ausreißen von Haarbüscheln;
- Einsperren, Aussperren in unterkühlte oder überhitzte Räume (z.B. im Auto bei Sommerhitze);
- Schlagen mit Werkzeugen aller Art;
- Fesseln, Anbinden, stundenlanges Stehen;
- Gliederverrenken und -brechen;
- Einnehmen schmerzhafter Stellungen erzwingen;
- Hungern- und Dursten-Lassen;
- Beibringen von Verbrennungen, z. B. mit Zigaretten, auf den heißen Ofen/Herd setzen;
- mit kaltem oder heißem Wasser abduschen (auch verbrühen) bzw. in Wasser untertauchen;
- grobes Schütteln;
- Werfen und Schleudern gegen Wand, Heizung, Möbel u.a.;
- Stoßen von der Treppe;
- Erbrochenes oder Kot essen lassen.[47]

„Als Schlagwerkzeuge werden Handfeger, Ausklopfer, Hundeleinen, Gürtel, Kochlöffel benutzt, eigentlich jeder Gegenstand, den man sich vorstellen kann, aber am liebsten gar nicht vorstellen will."[48]

Körperliche Kindesmisshandlungen können einmalig geschehen (z.B. das Schütteln des schreienden Säuglings) oder regelmäßiger Bestandteil von „Erziehungspraktiken" sein. Letzteres kann sich in unterschiedlichen Abständen (täglich, mehrmals täglich oder wöchentlich) über Jahre hinziehen. Einmalige Misshandlungen können besonders schwerwiegend sein und zu erheblichen Verletzungen des Kindes führen. In einigen Fällen steigert sich die Brutalität und mündet in einer finalen, manchmal tödlich endenden Tat. Die Anlässe für die Misshandlungen sind oft nichtig. Die Kinder führen einen Auftrag ungeschickt aus, kommen zu spät, zeigen nicht die erwarteten Leistungen in der Schule, werden beim Stehlen oder Lügen ertappt oder stören einfach nur durch ihre Anwesenheit.[49]

Eine mögliche Erscheinungsform kann auch das „Münchhausen-by-proxy-Syndrom" sein.

---

47 Vgl. Erfurt/Schmidt 2009, S. 67.
48 Graichen 2009, S. 60.
49 Ebenda.

Hier verletzen sich die Personen nicht selbst, wie beim Münchhausen-Syndrom generell, sondern – by proxy, also stellvertretend – ihre Kinder. Diese Störung ist entscheidend durch eine komplexe Interaktion zwischen Mutter, Kind und Arzt definiert.

Das Syndrom ist durch vier Merkmale gekennzeichnet:

– Bei einem Kind liegt ein Beschwerdebild vor, das von einem Elternteil oder einer anderen Person, die für das Kind Verantwortung trägt, vorgetäuscht und/oder erzeugt worden ist.

– Das Kind wird zur medizinischen Untersuchung und extensiven Behandlung vorgestellt, häufig einhergehend mit multiplen Eingriffen.

– Die vorstellende Person verleugnet ihr Wissen um die Ursachen des Beschwerdebildes.

– Die akuten Symptome und Beschwerden bilden sich zurück, wenn das Kind von der Täterin getrennt wird.[50]

Manipulationen können z.B. sein: Blutungen hervorrufen durch entsprechende Medikamentenvergiftung, Farbstoffe in Stuhl und Urin geben, Anfälle vortäuschen, Drogengabe, Erstickungsanfälle durch Hand verursachen, Durchfall oder Erbrechen durch Vergiftungen erzeugen, Fieber vortäuschen, Ausschläge durch Vergiftungen, Zerkratzen oder Säureauftrag auslösen.[51]

3.2   Täter und Täterinnen

Körperliche Kindesmisshandlungen finden im sozialen Nahbereich des Kindes statt, da es sich bei den Tätern um Personen handelt, die mit der Obhut des Kindes befasst bzw. beauftragt sind. Dadurch entsteht Nähe zwischen den Täter und Opfern, die teilweise mit Spannungen und Konflikten belastet ist.

Aus den Daten des Hellfeldes, der PKS, lassen sich zu den Tatverdächtigen folgende Angaben ableiten:

Im Jahre 2009 wurden zum Delikt Misshandlung von Schutzbefohlenen gem. § 225 StGB insgesamt 4874 Tatverdächtige ermittelt. Davon waren 2041 weiblichen und 2833 männlichen Geschlechts, d.h. ca. 42 % der Tatverdächtigen sind Frauen.[52] Dieses für die Verteilung von männlichen und weiblichen Tatverdächtigen ungewöhnliche Verhältnis ergibt sich insbesondere aus den überwiegend von den Müttern oder anderen Frauen in den verschiedenen Einrichtungen wahrgenommenen Erziehungspflichten.

3683 Tatverdächtige, damit ca. 75 % von ihnen, misshandelten Kinder. Davon waren 1585 Frauen und 2098 Männer. *Libal/Deegener* befragten im Jahr 2000 eine Gruppe von 964 Personen. Diese gaben an, soweit erlebt, körperliche Gewalt 413-mal durch den Vater, 429-mal durch die Mutter, 18-mal durch den Stief-, Pflege-, Adoptivvater, je 8-mal durch den Freund/Partner der Mutter und Stief-, Pflege-, Adoptivmutter sowie 2-mal durch die Freundin/Partnerin des Vaters erlitten zu haben.[53] Damit gestaltet sich das Geschlechterverhältnis der Gewaltanwender im Dunkelfeld ähnlich wie das im Hellfeld.

---

50   Vgl. Nocker/Keller 2002, S. 1357 ff.
51   Vgl. Nowara 2005, S. 128 ff.
52   Bundeskriminalamt 2010, Tabelle 20.
53   Libal/Deegener 2005, S. 70.

Besonders belastet ist der Altersbereich zwischen 25 bis zu 50 Jahren, der folgende Tatverdächtigenzahlen aufweist:

Tab. 1

Altersbereich	21 bis u. 25 Jahren	25 bis u. 30 Jahren	30 bis u. 40 Jahren	40 bis u. 50 Jahren
Männlich	190	313	729	565
Weiblich	195	296	558	330
	385	609	1 287	895

Quelle: Bundeskriminalamt: Polizeiliche Kriminalstatistik (PKS) 2009. Bundesrepublik Deutschland. Wiesbaden 2010, Tabelle 20.

Damit befindet sich fast die Hälfte der Tatverdächtigen im Alter von 30 bis 40 Jahren.

Bauer verweist in Auswertung der Ergebnisse mehrerer Aktenanalysen Mitte des 20. Jahrhunderts auf den Altersschwerpunkt der Täter zwischen 20 und 30 Jahren und bringt dies mit dem für Eheschließungen und Kindergeburten typischen Altersbereich in Verbindung.[54]

In der jetzigen Zeit werden Ehen später geschlossen und der Zeitpunkt für die Entscheidung zu einem Kind hat sich ebenfalls mehr in das dritte Lebensjahrzehnt verlagert. (Siehe Anlage 1) Folgerichtig rekrutieren sich die **Täterinnen** und **Täter** hauptsächlich aus dem Altersbereich **30 bis 40**.

Wie bereits unter 1.3 ausgeführt, wird im Bereich der körperlichen Kindesmisshandlung ein hohes Dunkelfeld vermutet.

Bussmann führte eine Langzeitstudie zu gewaltbelasteten Erziehungsstilen von Eltern durch. Die Befragungen bezogen sich sowohl auf die Eltern als auch auf Jugendliche. In einem 1992 durchgeführten repräsentativen Jugendsurvey zeigte sich zusammenfassend folgendes Bild:

„Nach den Selbstreports der befragten Jugendlichen stellt die Ohrfeige eine der am stärksten verbreiteten Sanktionen dar. Diese leichte Form der Züchtigung bildet sogar die häufigste Form der häuslichen Erziehungsstrafen (81,2%). Der Vergleich mit anderen Strafen wie Fernsehverbot (66,7%), Ausgehverbot (64,2%), Niederbrüllen (52%), Kürzung des Taschengeldes (34,5%) und Schweigen (36,9%) zeigt die herausgehobene Bedeutung der leichten Züchtigung im familiären Alltag. Aber auch schwere Formen wie deftige Ohrfeigen haben nach dem Selbstreport der Jugendlichen immerhin 43,5% und eine Tracht Prügel 30,6% erfahren."[55]

Die zwei Jahre später erfolgte Befragung der Eltern bestätigte diese Größenordnungen. Wie bereits unter 1.3 erwähnt, zeigt sich bei dem wiederholten Survey 2003 und 2005 dahin gehend ein verändertes Verhalten bei gewaltbelasteter Erziehung, dass Prügel nur noch in einem sehr geringen Ausmaß angewandt wird. Es erfolgte ein Rückgang von 30,6% 1992 auf 4,9% 2005.

Ausgehend von der groben Einteilung „Unter-, Mittel- und Oberschicht" stellte *Bussmann* im Ergebnis seiner Forschungen eine gleichmäßige Verteilung der Sanktion „Ohrfeige" fest. Es war jedoch nicht zu übersehen, dass die Unter-

---

54 Bauer 1969, S. 56.
55 Bussmann 2000, S. 44.

schicht signifikant häufiger leichte und vor allem schwere Körperstrafen in der Erziehung der Kinder gebraucht. [56]

Die höchste Korrelation ergab sich zwischen der Schulbildung der Eltern und der Häufigkeit von Körperstrafen. Hauptschüler berichteten am häufigsten über schwere familiäre Züchtigungen. Trotzdem handelt es sich auch in der Unterschicht bei den Gewalt anwendenden Eltern um eine Minderheit.

Das Kriminologische Forschungsinstitut Niedersachsen (KFN) führte 1992 ebenfalls eine repräsentative Studie durch. Es wurden Personen im Alter zwischen 16 und 59 Jahren zu ihren Kindheitserfahrungen mit körperlicher Gewalt durch die Eltern befragt. Insgesamt gaben 74,9 % der Befragten an, in ihrer Kindheit physische Gewalt erlitten zu haben. 10,8 % waren Opfer eindeutiger körperlicher Misshandlung. [57] Ähnliche Ergebnisse erbrachte eine vom KFN im Jahr 1998 durchgeführte Befragung von Jugendlichen nach elterlicher Gewalt. Während vor dem 12. Lebensjahr 43,3 % Nichtopfer waren, gaben 17,1 % schwere Züchtigung an, wobei diese nur von 5,3 % als gehäuft bezeichnet wurde. [58]

Die Täterinnen und Täter bei der Untersuchung von 27 schweren Kindesmisshandlungen mit Todesfolge im Land Brandenburg (vgl. 1.3) hatten zu einem guten Drittel keinen Berufsabschluss erreicht. Die Einkommenssituation musste als angespannt eingeschätzt werden. Bei vier von fünf Männern und jeder zweiten Frau lag ein wahrnehmbares Suchtverhalten vor. [59] Gewalt gegenüber Kindern ist somit meistens eingebunden in problembelastete Familien.

Häufig sind sogenannte Patchwork-Familien betroffen, in die ein neuer Lebenspartner einzieht.

Auch *Pfeiffer* und *Wetzels* stellten Zusammenhänge zwischen der sozialen Schicht der Herkunftsfamilie und der Gewaltanwendung fest. Während sie in der niedrigsten Ebene 41,4 % körperliche Elterngewalt in der angebotenen Skala häufiger als „selten" einstuften, waren es in der höchsten sozialen Ebene (Schicht) nur 29,9 %. Offensichtlich besteht in den niedrigeren sozialen Schichten eine höhere Belastung durch niedriges Einkommen, Arbeitslosigkeit, Schulden, geringe Bildung, schlechtere Wohnungsverhältnisse und geringeren beruflichen Status. [60]

3.3 Die Opfer und die Folgen der Tat

Für das Jahr 2009 weist die Polizeiliche Kriminalstatistik 4126 Kinder als Opfer einer Misshandlung aus. Nach dem Alter aufbereitet, zeigt sich folgende Verteilung:

Tab. 3

Misshandlungs-opfer		unter 6 Jahren	6 bis unter 14 Jahren
Gesamt	4 126	1 756	2 370
Männlich	2 353	1 009	1 344
Weiblich	1 773	747	1 026

---

56 Ebenda, S. 55.
57 Pfeiffer/Wetzels 1997, S. 143 ff.
58 Pfeiffer/et al. 1999.
59 Leitner/Rieck 2009, S. 84 ff.
60 Pfeiffer/Wetzels 1997, S. 27.

Aus der Tabelle ist ersichtlich, dass 42,55 % der misshandelten Kinder unter 6 Jahren alt sind. Jüngere Kinder sind stärker von schweren Verletzungen betroffen, als ältere. Ein harter Schlag gegenüber einem Säugling kann schon lebensbedrohlich sein. Es sei an dieser Stelle erinnert, dass die Polizeiliche Kriminalstatistik nur einen Bruchteil der tatsächlichen Misshandlungen erfassen kann.

Entsprechend der geschilderten Begehungsweisen bei körperlicher Kindesmisshandlung sind vor allem – neben den seelischen Folgen – körperliche Verletzungen zu verzeichnen.

Die weitaus häufigsten oberflächlichen Verletzungen bei Kindern sind

- Blutergüsse, gefolgt von
- Abschürfungen und anderen Hautverletzungen,
- Hauteinblutungen durch Strangulationen,
- Schnitt- und Bissverletzungen,
- Verbrühungen und Verbrennungen. [61]

Blutergüsse resultieren aus Stoß- und Schlagverletzungen. Fast alle Kinder weisen Blutergüsse (blaue Flecken) auf, die jedoch an typischen Körperstellen als „Alltagsverletzungen" lokalisiert sind: An den Schienbeinen, der Außenseite der Arme, bei Kleinkindern auch an der Stirn. Blaue Flecken an relativ gepolsterten Körperteilen wie den Wangen oder dem Gesäß oder solche an geschützten Körperstellen wie im Genitalbereich, Hals, Ohrmuscheln oder Oberlippe sind demgegenüber verdächtig hinsichtlich einer Misshandlung. Hämatome bei Kleinstkindern, die noch nicht krabbeln können, können von Misshandlungen stammen.

Bisse hinterlassen auf der Haut gut erkennbare Spuren, die aber im Spektrum körperlicher Misshandlungen eher selten vertreten sind.

„Absichtliche Verbrühungen kommen in zwei Formen vor:

Eintauchen des Kindes in zu heißes Wasser verursacht scharf begrenzte Verbrühungsränder, im Gegensatz zu den unregelmäßig begrenzten Verletzungen eines Kindes, das unabsichtlich in das zu heiße Wasser geraten ist und sich zu befreien sucht. Typisch bei Misshandlung sind Verbrühungen des Gesäßes, des unteren Teils des Rückens und der Rückseite der Oberschenkel bei Eintauchen des Kindes, die Beugefalten sind dann wenig betroffen." [62]

Andere typische Verletzungen sind scharf begrenzte strumpfförmige **Verbrühungen** der Hände oder Füße, wenn diese mit Zwang in das Wasser gesteckt werden. Bilateral symmetrische Verletzungen sind starke Verdachtsmomente für eine Misshandlung. Nichtzufällige **Verbrennungen** weisen in ihrer Lokalisation oder Form häufig auf das Muster der Misshandlung hin. Während Verletzungen durch Anfassen heißer Herdplatten in der Regel einseitig und auf wenige Fingerkuppen begrenzt sind, weisen beidseitige Verbrennungen, oder solche, die die Handflächen betreffen, auf Misshandlungen hin. Weitere Muster sind Verletzungen durch brennende Zigaretten, Bügeleisen, Lockenscheren, sind insgesamt jedoch selten.

Ebenso bizarr wie Verbrühungen und Verbrennungen muten absichtlich beigebrachte **Schnittwunden** oder **Verletzungen** durch **Fesselungen** an. Sie treten nur wenig auf, sollten jedoch zur sofortigen stationären Aufnahme des Kindes

---

61 Kinderschutz-Zentrum Berlin, 2009, S. 60 ff.
62 Ebenda, S. 61.

34

führen, da von einer beträchtlichen Gefahr für das Kind ausgegangen werden muss und oft begleitende Verletzungen bestehen.

Knochenbrüche sind nach Hautverletzungen die häufigste Form von Verletzungen durch Misshandlung. Sie sind bei Säuglingen und Kleinkindern häufiger als bei älteren Kindern.

Mehrere **Knochenbrüche** unterschiedlichen Alters begründen den Verdacht fortgesetzter Misshandlungen. Durch Misshandlung hervorgerufene Knochenbrüche sind im Röntgenbild oft charakteristisch, z.B. Absprengungen von den Enden der langen Knochen an Armen und Beinen, Unterblutungen der Knochenhaut oder Verletzungen der Wachstumsfugen vor. Einblutungen durch Einrisse der Blutgefäße zwischen der Schädeldecke und dem Gehirn treten als Folge heftiger Schläge auf den Kopf auf, oder wenn der Kopf gegen eine harte Oberfläche geschlagen wird. Am häufigsten sind bei Kindesmisshandlungen die Folgen **stumpfer Gewalt** festzustellen. Dadurch entstehen Hautabschürfungen, Blutunterlaufungen und Hautwunden als äußerlich sichtbare Verletzungen. [63] Sind am Körper **Hämatome** unterschiedlichen Alters (Farbausprägung) feststellbar, sind länger andauernde Misshandlungen zu vermuten (battered-child-Syndrom). Je nach Schwere der Blutung führen die Verletzungen zu Bewusstseinsverlust, Krampfanfällen, Koma oder Tod. Bei Säuglingen können diese Verletzungen auch durch heftiges **Hin- und Herschütteln** des Kindes hervorgerufen werden (Schütteltrauma des Säuglings). Hier sind neben den akuten Blutungen Abscherverletzungen der Verknüpfungen der Nervenfasern die Ursache für sehr schwerwiegende Schäden des Gehirns. Die Verletzungen können in Verbindung mit Blutungen am Augenhintergrund auftreten, selten sind äußere Verletzungshinweise gegeben. Die Prognose ist ungünstig, viele Säuglinge versterben an einem akuten **Schütteltrauma**, bei zahlreichen anderen folgt eine bleibende Behinderung der motorischen und geistigen Entwicklung. [64]

Da das akute Schütteln zu Apathie und Ruhigwerden des Säuglings führt und für die Eltern keine akute Schädigung erkennbar wird, wird das Schütteln häufig mehrfach wiederholt, bis es schließlich zu lebensbedrohlichen Zuständen kommt.

Innere Verletzungen sind vergleichsweise seltener, können jedoch lebensbedrohlich sein. Es handelt sich um Verletzung der Bauchorgane durch Schläge oder Tritte. Der Verdacht auf solche inneren Verletzungen rechtfertigt eine sofortige Krankenhauseinweisung.

Das bereits erwähnte **Münchhausen-Stellvertreter-Syndrom** ist eine schwere, bizarr anmutende Kombination von emotionaler und körperlicher Misshandlung. Manchmal handelt es sich nur um erfundene, berichtete Krankheitssymptome, manchmal werden jedoch auch körperliche Symptome herbeigeführt, um eine Krankheit vorzutäuschen. Psychodynamisch liegt wohl ein psychischer Gewinn für die Eltern durch die intensive ärztliche Betreuung und Zuwendung vor. Diese Misshandlungsform ist extrem schwer festzustellen und häufig werden die Kinder zahlreichen, zum Teil auch invasiven und schmerzhaften Eingriffen unterzogen, die alle ohne krankhaften Befund bleiben. Vergiftungen durch chemische Substanzen, Drogen oder Medikamente, die nicht zufällig, sondern von den Eltern bewusst verursacht wurden, sind ähnlich schwer aufzudecken. Sie gehören vermutlich zu den schlecht erkannten und zahlenmäßig unterschätzten For-

---

63 Wirth/Strauch 2006, S. 380.
64 Kinderschutz-Zentrum Berlin 2009, S. 64 ff.

men von Kindesmisshandlung. Vergiftungen bei Kindern unter einem Jahr oder zwischen dem 5. und 10. Lebensjahr sind ebenso verdächtig wie klinische Vergiftungserscheinungen, die nicht mit den gemachten Angaben über die Art des Medikaments oder der chemischen Substanz übereinstimmen sowie Vergiftungen durch mehrere Substanzen. Viele Stoffe können im Blut oder Urin nachgewiesen werden – im Zweifel ist ein erfahrener Toxikologe zu Rate zu ziehen. Bestrafungen von Kindern mit Seifen, scharfen Gewürzen, wie Tabasco oder Pfeffer oder Salzwasserlösungen, die dem Kind in den Mund gegeben werden, gehören zu seltenen Formen von Kindesmisshandlung, sind potenziell aber lebensbedrohlich. [65]

Körperliche Misshandlungen verursachen neben den physischen Verletzungen auch seelische Schäden.

Moggi betont, dass es kein für die Kindesmisshandlung typisches „Misshandlungssyndrom" gibt. [66]

Er beschreibt neben den körperlichen Schäden folgende drei Gruppen psychischer Kurzzeitfolgen:

Kognitiv-emotionale Störungen:

– Aufmerksamkeits- und Konzentrationsstörungen,

– Dysfunktionale Kognitionen (z.B. negative Selbstwahrnehmung),

– Sprach-, Lern- und Schulschwierigkeiten,

– Angststörungen, Posttraumatische Belastungsstörung,

– Depressionen, niedriger Selbstwert, Schuld- und Schamgefühle,

– Ärgerneigung, Suizidgedanken und selbstschädigendes Verhalten (z.B. Drogenkonsum),

– Feindseligkeiten sowie allgemeine Störungen der Gefühlsregulation (z.B. Impulsivität).

Somatische und psychosomatische Störungen

– Psychosomatische Beschwerden (z.B. Atembeschwerden, chronische Bauchschmerzen ohne körperlichen Befund),

– Ess- und Schlafstörungen sowie Bettnässen oder Einkoten.

Störungen des Sozialverhaltens

– Weglaufen von Zuhause,

– Übermäßiges Zutrauen zu Fremdpersonen,

– Schulschwierigkeiten, Fernbleiben vom Unterricht, Rückzugsverhalten,

– Hyperaktivität, delinquentes Verhalten, aggressives Verhalten,

– mutwilliges Zerstören von Eigentum sowie physische Angriffe.

Die Ausprägung dieser Störungen ist teilweise auch altersabhängig differenziert. Substanzgebundenes Suchtverhalten, Anorexie/Bulimie/Adipositas und Prostitution treten eher in der Adoleszenz auf. [67] Einige Störungen bleiben als Langzeitfolgen bis ins Erwachsenenalter erhalten (z.B. Posttraumatische Belastungsstörungen, Depressionen, substanzgebundenes Suchtverhalten, Suizidalität).

---

65 Vgl. ebenda, S. 63.
66 Moggi 2005, S. 95.
67 Ebenda, S. 97.

Körperliche Misshandlungen werden oft begleitet von Vernachlässigung, die in mangelhafter Pflege und unzureichender Ernährung besteht. [68]

4 Kindesvernachlässigung

4.1 Begehungsweisen

Die Kindesvernachlässigung stellt eine situative oder andauernde und wiederholte Unterlassung fürsorglichen Handelns dar.

„Der Begriff beschreibt die Unkenntnis oder Unfähigkeit von Eltern, die körperlichen, seelischen, geistigen und materiellen Grundbedürfnisse eines Kindes zu befriedigen, es angemessen zu ernähren, zu pflegen, zu kleiden, zu beherbergen, für seine Gesundheit zu sorgen, es emotional, intellektuell, beziehungsmäßig und erzieherisch zu fördern. Kindesvernachlässigung ist im Kern eine Beziehungsstörung." [69]
Vernachlässigung bedeutet ebenfalls, dass Eltern oder andere von ihnen autorisierte Betreuungspersonen dem Kind die erforderlichen Maßnahmen des Schutzes und der Aufsicht nicht oder nur unzureichend zukommen lassen.

Versorgungsleistungen materieller, emotionaler oder kognitiver Art bleiben somit aus.

Erfurt/Schmidt unterscheiden bei der Vernachlässigung folgende Kernbereiche:

- **Körperliche Vernachlässigung** durch z.B. unzureichende Pflege und Kleidung, mangelnde Ernährung und gesundheitliche Fürsorge und/oder mangelnde Hygiene.

- **Kognitive Vernachlässigung** durch z.B. nicht hinreichende Anregung und Förderung motorischer, geistiger, emotionaler und sozialer Fähigkeiten, mangelndes Engagement für die schulische Entwicklung.

- **Emotionale Vernachlässigung** durch z.B. Mangel an Zuwendung und Wärme in der Beziehung zum Kind, häufig wechselnde Bezugspersonen.

- **Unzureichende Beaufsichtigung** durch z.B. mangelnden Schutz vor Gefahren, zu wenig Beachtung von kindlichem Fehlverhalten, Gleichgültigkeit/ Nichtwissen gegenüber Abwesenheit/Umgang des Kindes, Kind längere Zeit allein lassen. [70]

Derartige Vernachlässigungen treten überwiegend in armen Familien auf, die von Sozialleistungen abhängig sind. In Familien mit gutem Einkommen ist eher eine emotionale „Unterversorgung" festzustellen. Keinesfalls lässt sich daraus die Folgerung ableiten, arme Familien wären für Kindesvernachlässigungen besonders gefährdet. Erst in einer besonderen Kombination verschiedener Faktoren ist dieser Zusammenhang relevant.

In *§ 171 StGB – Verletzung der Fürsorge- oder Erziehungspflicht –* sind die Gefahren für die körperliche und psychische Entwicklung des Kindes berücksichtigt, die neben den psychischen und körperlichen Entwicklungsschäden auch in der Gefährdung des Kindes bestehen, einen kriminellen Lebenswandel zu führen oder der Prostitution nachzugehen.

---

68 Wirth/Strauch 2006, S. 381.
69 Kinderschutz-Zentrum Berlin 2009, S.43.
70 Erfurt/Schmidt 2009, S.68 f.

Generell besteht in diesen Fällen eine passive Haltung von Eltern oder Sorgebe-rechtigten gegenüber ihren Kindern. Da Säuglinge und Kleinkinder existenziell physisch und psychisch von den erwachsenen Bezugspersonen abhängig sind, können diese Entwicklungsschäden lebensbedrohliche Formen annehmen.

4.2 Täter und Täterinnen

Im Jahre 2009 wurden zum § 171 StGB – *Verletzung der Fürsorge- oder Erzie-hungspflicht* – 1 867 Tatverdächtige in der PKS registriert. [71] Entsprechend der Rolle der Mütter ist der Anteil der weiblichen Tatverdächtigen mit 1 343 höher als der der männlichen Tatverdächtigen mit 524 (2010 sind es 1 689 TV, davon 1 210 weiblich, 478 männlich). Ein Blick auf die Verteilung in den Lebensjahrzehnten der Tatverdächtigen zeigt, dass sie von 21 bis unter 30 Jahren (489), von 30 bis unter 40 Jahren (620) und 40 bis unter 50 Jahren (515) mit 89 % erwartungsge-mäß in der Zeit liegt, in der in Deutschland Kinder geboren und erzogen werden.

Der Anteil der weiblichen Tatverdächtigen liegt in allen Altersbereichen zwi-schen ca. 70 und 80 %, am höchsten in der Kategorie der 21- bis unter 30-Jäh-rigen (80 %), was die These zu verstärken scheint, jüngere Mütter könnten eher überfordert sein.

810 der Tatverdächtigen zu diesem Delikt waren bereits als Tatverdächtige in Erscheinung getreten, das sind immerhin 43 %. Auch dies könnte man als Indi-kator dafür werten, Vernachlässigungen stehen mit anderen Problemlagen der Täter/innen in Verbindung.

Schone sieht in den folgenden Elementen Ausgangspunkte für Vernachlässigun-gen von Kindern:

– *„Psychische Krise der Familie, die sich in lang anhaltenden Spannungen und Konflikten zwischen den Eltern ausdrückt (Trennung und Scheidung, instabile und wechselnde Partnerbeziehungen etc.).*

– *Wirtschaftliche Krisensituationen bzw. andere Notlagen mit hoher Beeinträch-tigung des Selbstwertgefühls der Eltern (z.B. Arbeitslosigkeit).*

– *Soziale Isolation der Familie in Verwandtschaft und Nachbarschaft.*

– *Ungünstige und beengte Wohnbedingungen.*

– *Gesellschaftliches Umfeld mit aggressiven Handlungen.*

– *Negative Erfahrungen bzw. Belastungen aus der Lebensgeschichte der Eltern (restringierte Muster und Möglichkeiten der Problembewältigung)."* [72]

Täter/innen entwickeln sich vor allem dort, wo mehrere dieser Faktoren ausge-prägt sind, weil dann die innerfamiliären Belastungen besonders hoch sind. *Scho-ne* nennt vor allem unkontrollierte und unberechenbare Erziehungsstile, aggres-sive Auseinandersetzungen zwischen den Partnern, Kontrollverlust, Resignation, Verdrängung und Leugnung, die aus den genannten Bedingungen resultieren.

Im Gegensatz zur körperlichen Kindesmisshandlung, die häufig aus einer spon-tanen Belastungssituation heraus entsteht, liegt der Vernachlässigung über-wiegend langfristig andauernde **Überforderung** zugrunde. Misshandlung tritt jedoch auch sekundär nach früherer Vernachlässigung auf. Vernachlässigte Kin-

---

71 Polizeiliche Kriminalstatistik (PKS) 2009, Tabelle 20 / Polizeiliche Kriminalstatistik (PKS) 2010, Tabelle 20.
72 Schone 2007, S. 54.

der können Probleme bereiten, die zu erneuten Belastungen der Erziehungsverantwortlichen führen.

Kindler nennt in Auswertung vorhandener Längsschnittstudien zu Vernachlässigungen von Kindern folgende durchgängigsten, stärksten und aussagekräftigsten Zusammenhänge zu diesen Faktoren:

„(a) eine chronische schwerwiegende elterliche Überforderungssituation mit multiplen Belastungen und unzureichenden psychologischen, sozialen wie materiellen Ressourcen und

(b) fehlende Erfahrungen und innere Leitbilder einer guten Fürsorge für Kinder."[73]

4.3 Die Opfer und die Folgen der Tat

Die Folgen der Vernachlässigung können vielfältiger psychischer und physischer Art sein. Emotionale Kälte und Liebesentzug führen zu schweren psychischen Schäden. Oft sind später diese Kinder selbst nicht in der Lage, Gefühle und Empathie gegenüber anderen Menschen zu entwickeln.

Vernachlässigung kann auch in der Form erfolgen, dass das Kind nicht ausreichend beaufsichtigt wird. Zu einer Zeit, in der andere Kinder sich längst zu Hause aufhalten, sind diese noch außerhalb der Wohnung anzutreffen. Eine Vernachlässigung des Kindes liegt auch vor, wenn sich die Eltern in einer Gaststätte oder anderen Einrichtungen aufhalten, in denen sie Alkohol oder andere Drogen konsumieren und die Kinder sich dort ebenfalls befinden. In diesen Fällen liegt eine Gefährdung des Kindes vor, selbst frühzeitig an Drogenkonsum gewöhnt oder Opfer von Übergriffen fremder Personen zu werden. Das ist auch der Fall, wenn die Sorgeberechtigten drogenabhängig sind.

Es ist auch möglich, dass Kinder von ihren Eltern aus verschiedenen Gründen nicht in die Wohnung gelassen werden und sich darum in Hausfluren oder auf öffentlichen Straßen und Plätzen herumtreiben.

Andererseits kann auch eine Vernachlässigung darin bestehen, indem das Kind in der Wohnung, evtl. in einem Raum eingesperrt wird und nicht genügend Zeit im Freien verbringen und Kontakte zu anderen Kindern pflegen kann. Ein Zeichen für Vernachlässigung ist häufig auch verschmutzte oder der Jahreszeit nicht angemessene Kleidung. Meistens liegen in diesem Zusammenhang noch andere Merkmale der Kindeswohlgefährdung vor. Unangemessene, unsaubere Kleidung birgt gesundheitliche Gefahren für das vernachlässigte Kind, zumal dies häufig einhergeht mit mangelnder Körperpflege, wie ungewaschene Haare, ungeschnittene, schmutzige Fingernägel, häufiger Befall von Kopfläusen u.ä..

Des Weiteren sind als Merkmale Distanzlosigkeit, Ess- und Schlafstörungen, häufiges Schreien oder extreme Unruhe sowie häufige Erkrankungen festzustellen. Merkmale können weiterhin blasse Gesichtsfarbe, abgefaulte Milchzähne und/oder kariöse Zähne sein.

Entwicklungsverzögerung (z. B. Sprachverzögerung, spätes Laufen, Verzögerungen im motorischen Bereich allgemein) können Folgen einer Vernachlässigung sein.

Unbehandelte Krankheiten wie Hautausschlag, entzündete Augen, Erkrankung der Atemwege gehören ebenfalls zu den Merkmalen der Vernachlässigung.

---

[73] Kindler 2007, S. 94.

Im **Säuglingsalter** entstehen durch mangelnde Pflege Windelsoor und Windeldermatitis, Wundsein, das bei vielen Säuglingen entstehen kann, durch Vernachlässigung jedoch besonders gravierende Folgen aufweist.

In Einzelfällen kann infolge von Vernachlässigung falsche oder mangelhafte Ernährung im Kleinstkindalter zum Tod führen.

Generell sind Kinder unter sechs Jahren von den Folgen der Vernachlässigung besonders betroffen.

Im **Schulkindalter** beeinträchtigt mangelnde Ernährung neben der Gesundheit auch die Leistungsfähigkeit des Kindes. Oft fehlt es dem vernachlässigten Kind darüber hinaus an den notwendigen Schulmaterialien.

In einer Arbeitshilfe zur Kindervernachlässigung bemerkten die Mitarbeiter des Fachbereiches für Kinder, Jugendliche und Familien Osnabrück:

„Die Erscheinungsformen von Vernachlässigung sind so unmittelbar und offensichtlich, dass sich immer wieder neu die Frage aufdrängt, warum wir nicht früher einen Hinweis bekommen haben. Ihre massiven Folgen (Entwicklungsstörungen, Verhaltensauffälligkeiten, schlechter Gesundheitszustand) werden häufig erst bemerkt, wenn die Vernachlässigung schon lange andauert. Hinzu kommt noch, dass diese Familien häufig von großen materiellen und sozialen Problemen wie Armut, Arbeitslosigkeit und sozialer Isolation betroffen sind. Hier ist vorrangig die Politik gefordert."[74]

Darüber hinaus wurde in Osnabrück beobachtet, dass diese Familien sehr häufig ihren Wohnort wechseln, was enorme Probleme bei der Hilfeorganisation mit sich bringt.

Das Ausmaß der Kindesvernachlässigung ist groß und wird weiter zunehmen. Darauf weisen Fachleute immer wieder hin, einige Experten schätzen den Anteil der von Vernachlässigung betroffenen Kinder in Deutschland auf 10 %.[75]

Die Vernachlässigung kann aktiv oder passiv (unbewusst) aufgrund unzureichender Einsicht oder unzureichenden Wissens bzw. mangelnder Ressourcen erfolgen.

Die durch Vernachlässigung bewirkte chronische Unterversorgung des Kindes, die nachhaltige Nichtberücksichtigung, Missachtung oder Versagung seiner Lebensbedürfnisse werden dessen körperliche, geistige und seelische Entwicklung beeinträchtigen oder beschädigen und können zu gravierenden bleibenden Schäden oder gar zum Tode des Kindes führen.

Auch die unzureichende Gesprächsbereitschaft der Erwachsenen, die nur geringe Neigung, sich auf die Gefühlswelt der Kinder einzulassen, und die Ignoranz gegenüber kindlichen Bedürfnissen gehören dazu.

Die Ursachen hierfür sind nicht nur individueller, sondern auch gesellschaftlicher Natur.

Im Folgenden sind begünstigende Bedingungen dargestellt, die in Familien zu Kindesvernachlässigung führen können:[76]

Kreislauf des Versagens: Die Eltern haben die Erfahrung, immer versagt zu haben und daher die Angst/Erwartung die entsprechende Annahme, auch zukünftig zu versagen. Daraus ergibt sich eine sich selbst erfüllende Prophezeiung.

---

74 Brörmann 2011, S. 6.
75 Ebenda, S. 8.
76 Siehe Brörmann et al, 2011 S. 6.

Herkunftsgeschichte: Die Eltern sind selbst vernachlässigt worden. Das Kind wird nicht als eigenständige Person mit eigenen Bedürfnissen erkannt, sondern als eins mit der eigenen Person empfunden. Das Kind droht in dem Maße vernachlässigt zu werden, wie die Eltern selbst vernachlässigt wurden und sich noch immer vernachlässigen, da sie es nicht anders kennen.

Energielosigkeit: In „reinen" Vernachlässigungsfamilien herrscht eine große Energielosigkeit, Antriebsarmut, Lethargie und Resignation. Die Situation wird nicht eskalieren, d. h. nicht so ohne weiteres auffällig werden oder öffentlich in Erscheinung treten. Die Personen werden nicht von sich aus um Hilfe bitten.

Handlungskompetenz: Vernachlässigungsfamilien agieren impulsiv, nicht überlegt. Sie haben nicht die Möglichkeit, ihr Handeln reflektiert zu betrachten.

Konfliktlösungsverhalten: Zu dem in diesen Familien regelmäßig zu beobachtenden Konfliktlösungsverhalten gehört das impulsive Ausagieren von Frustrationen und Spannungen, das dazu dient, unbewältigte Konflikte und die damit verbundenen Emotionen wieder auf ein erträgliches Maß zu reduzieren.

Machtstrukturen: Die elterliche Machtausübung ist nicht konsistent. Die Eltern schwanken zwischen autoritärer Kontrolle und Hilflosigkeit. Oftmals verzichten die Eltern auch auf ihre Macht- und Entscheidungsfunktion. Sie delegieren diese entweder an ein Kind in Elternfunktion oder sind physisch und/oder psychisch nicht präsent.

5 Sexueller Missbrauch von Kindern

5.1 Begehungsweisen

In Gliederungsziffer 1.1.2 wurde der sexuelle Missbrauch von Kindern durch Erwachsene (oder ältere Jugendliche) als eine sexuelle Handlung an einem Kind beschrieben, das aufgrund seiner emotionalen und intellektuellen Entwicklung und aufgrund des ungleichen Machtverhältnisses zwischen Erwachsenen und Kindern nicht in der Lage ist, dieser sexuellen Handlung informiert und frei zuzustimmen.

Es existiert in der Literatur eine Vielzahl von Definitionen des sexuellen Missbrauchs. In dieser Schrift, die sich auf Delikte am Kind orientiert, soll der Schwerpunkt beim sexuellen Missbrauch ebenfalls auf die Altersgruppe der bis zu 14-Jährigen gesetzt werden. Hier ist eindeutig zu bewerten, dass Kinder sexuellen Handlungen von Erwachsenen nicht verantwortlich zustimmen können bzw. kein sogenanntes „wissentliches Einverständnis" geben können, da sie aufgrund ihrer Unerfahrenheit, ihrer fehlenden Kenntnisse und ihrer psychosexuellen Entwicklungsstufe nicht in der Lage sind, ihre Situation beurteilen zu können. Hinzu kommt die emotionale, rechtliche, soziale, finanzielle und anderweitige Abhängigkeit in einem großen Beziehungs- und Machtgefälle. [77]

Neugier, Zuneigung und Vertrauen werden vom Täter ebenfalls ausgenutzt, um das Kind zur Kooperation zu überreden oder zu zwingen.

---

[77] Deegener 2005, S. 22.

Das Kind wird zu einem Sexualobjekt degradiert. Der Missbrauch ist auch Sexualverhalten im Dienst einer Vielzahl nicht sexueller Bedürfnisse und ungelöster Probleme.

Es liegt Gewalt vor, auch wenn sie tatsächlich physisch nicht ausgeübt wird. Zentral ist dabei die Verpflichtung zur Geheimhaltung, die das Kind zur Sprach- und Hilflosigkeit verurteilt.

Gerade im familiären Bereich kann der Täter das bestehende Machtgefüge ohne Anwendung von Gewalt und Drohung ausnutzen. Häufig entwickelt sich der sexuelle Missbrauch von den weniger intimen Formen des Körperkontaktes hin zu den intimeren Übergriffen sowie zur eindeutigen sexuellen Handlung bis hin zur sexuellen Ausbeutung.

Im § 176 StGB werden die einzelnen Alternativen des sexuellen Missbrauchs an Kindern aufgeführt (siehe 2.4). Im Einzelnen sind dabei insbesondere folgende Handlungen relevant:

- Betasten und Belecken von Brust- und Genitalregion;
- Einführung von Fingern und Gegenständen in den Scheidenvorhof ohne Verletzung des Hymens (beide Varianten ca. 70%);
- Einführung von Fingern oder Gegenständen mit Erweiterung der Hymenalöffnung;
- regelrechter Geschlechtsverkehr mit Eröffnung des Hymens;
- Einführung von Fingern, Gegenständen oder Penis in die Analöffnung;
- Oralverkehr (ca. 20%);
- Masturbation der Kinder an sich selbst unter Anleitung der Täter (ca. 37%);
- Geschlechtsverkehr oder geschlechtsverkehrsähnliche Handlungen von Kindern unter Anleitung der Täter (ca. 30%);
- Herstellen, Vertreiben und Vorführung pornografischen Materials.[78]

Sexuelle Küsse, besonders Zungenküsse, sexualisierte Pflegehandlungen oder eine „Begutachtung des Körpers" sind ebenfalls mögliche Tathandlungen.

Zu den Missbrauchsarten gibt der Abschlussbericht der Unabhängigen Beauftragten die Aufarbeitung des sexuellen Missbrauchs, *Dr. Christine Bergmann*, folgende Auskünfte:

„Zur Art des Missbrauchs liegen 2060 Dokumentationen von Betroffenen und Kontaktpersonen von Betroffenen vor. Die Mehrzahl der Personen (80,3%) benannte Delikte, bei denen es mindestens zu körperlichen Berührungen gekommen ist....

ohne Berührung am Körper	*125*	*6,0%*
mit Berührung am Körper	*616*	*29,9%*
Berührung am Geschlechtsteil	*516*	*25,1%*
versuchte Penetration	*162*	*7,9%*
erfolgte Penetration	*361*	*17,5%*
keine Nennung der Art ...	*280*	*13,6%*
gesamt	*2060*	*100,0%"*[79]

---

78   Erfurt/Schmidt 2009, S. 70 (Mehrfachnennungen waren möglich).
79   Abschlussbericht der Unabhängigen Beauftragten 2011, S. 45.

Nach heutigen Erkenntnissen kann eingeschätzt werden, dass sexuelle Missbraucher in den meisten Fällen ihre sexuellen Übergriffe planen und – soweit es sich um Opfer außerhalb des familiären Bereichs handelt – diese auch gezielt auswählen. Dabei existieren durchaus bestimmte Vorlieben, die sich auf das Äußere des Opfers oder dessen Eigenschaften beziehen. So wird darauf geachtet, dass die Kinder eher schüchtern, ängstlich und unsicher sind. Hier wird die Bedürftigkeit des Kindes nach Zuwendung ausgenutzt, indem diesem Aufmerksamkeit gewidmet wird und dessen Zuneigung durch Geschenke oder bestimmte gemeinsame Freizeitaktivitäten erlangt wird. Auch besonders wehrlose Kinder, minderbegabt, sprachbehindert oder sehr jung, finden bevorzugte Auswahl.

„Ist erst einmal eine ‚vertrauensvolle Freundschaft‘ aufgebaut, so wird der Täter schrittweise immer mehr Körperkontakte herstellen, diese Kontakte zunehmend sexualisieren, wobei den Kindern auch falsche Normen vorgelogen werden."[80]

Eine weitere Begehungsweise stellt die Vornahme von exhibitionistischen Handlungen vor Kindern dar. Hier bleibt der Täter in Distanz zum Kind. Im Jahr 2010 registrierte die Polizeiliche Kriminalstatistik dazu 3408 kindliche Opfer. (PKS 2010, Tabelle 91)

Die Häufigkeit der Missbrauchsstaten ist abhängig vom Bekanntheitsgrad zwischen Täter und Opfer. Fremde greifen ein- und dasselbe Kind zu 90 % einmalig an, während Angehörige eher häufig und über einen längeren Zeitraum missbrauchen. So ist im erwähnten Abschlussbericht zu lesen:*„Nur in 12,8 % der Fälle wurde von einmaligem Missbrauch durch einen Täter oder eine Täterin gesprochen. Weit häufiger berichteten die Anrufenden von mehrfachem Missbrauch (30,1 %) und von wiederkehrendem Missbrauch (58,0 %), d.h. es gab mehrere Missbrauchsphasen bei den betreffenden Personen (N=2328)."*[81]

5.2   Täter und Täterinnen

Sexueller Missbrauch an Kindern wird in allen sozialen Schichten begangen.

In der Fachliteratur werden 80 % der Täter und Täterinnen dem sozialen Umfeld der Opfer zugeordnet. Die Polizeiliche Kriminalstatistik weist für das Jahr 2009 folgende Konstellationen zur Täter-Opfer-Beziehung beim sexuellen Missbrauch von Kindern aus:

Opfer insgesamt:	14038		Beziehung zum Täter:
Verwandtschaft:	2852	=	20,32 %
Bekanntschaft:	4161	=	29,64 %
Flüchtige Vorbez.:	1179	=	8,40 %
Fremder Täter:	4759	=	33,90 %
Ungeklärt:	1077	=	7,67 %

Schon diese Zahlen aus dem **Hellfeld** belegen die überwiegende Täter-Opfer-Vorbeziehung, wobei mit zunehmender Intensität der Beziehung zum Täter bekanntlich die Anzeigenbereitschaft sinkt, vor allem, wenn die Opfer sich in einem solchen Abhängigkeits- und Machtgefüge befinden, wie das für den sexuellen Missbrauch von Kindern typisch ist.

---

80   Erfurt/Schmidt 2009, S. 138.
81   Abschlussbericht der Unabhängigen Beauftragten 2011, S. 45.

Hinsichtlich der Geschlechtszugehörigkeit gibt *Deegener* bei weiblichen Opfern 10 % Täterinnen an, für männliche Opfer 25 % weibliche Missbraucher. [82] Dazu weist die Statistik (2009) lediglich 4 % weibliche Tatverdächtige aus.

Nach Angaben von 4 219 Betroffenen, die gegenüber der Unabhängigen Beauftragten für die Aufarbeitung des sexuellen Missbrauchs im Jahr 2011 berichteten, waren bei weiblichen Opfern 3 % Täterinnen, in 6 % handelten Täter und Täterinnen gemeinsam und bei 91 % waren die Täter männlich. Männliche Opfer gaben 14 % Täterinnen an. In 6 % der Fälle handelten beide gemeinsam und bei 80 % der Handlungen waren die Täter männlich. [83]

Folgende Altersverteilung wurde bei *Deegener* festgestellt: unter 18-Jährige ca. 34 %, 19- bis 30-Jährige 20 % und 31-bis 50-Jährige 30 %. Ähnlich zeichnet sich die Verteilung auch in der Polizeilichen Kriminalstatistik ab.

Die Täter und Täterinnen sind als Familienmitglieder Väter/Stiefväter, Mütter, Großväter, Onkel, Brüder, Cousins und andere. Während *Schneider* [84] 1997 noch den Geschwisterinzest als die häufigste Form des sexuellen Missbrauchs an Kindern bezeichnet, stellt Deegener [85] als die häufigsten Täter mit je 30 % die Väter und Onkel dar, während Brüder und Cousins mit 15 und 10 % nicht ganz so häufig als Täter in Erscheinung treten. Er weist die Mütter als Täterinnen mit einem Anteil von ca. 3 % aus.

Im **Dunkelfeld** wird nur von einer Rate von ca. 10 % - 25 % fremder Täter und Täterinnen ausgegangen. Neben der Familie befinden sich die Täter und Täterinnen überwiegend im sozialen Umfeld des Kindes. Es können Nachbarn, Freunde der Familie, Lehrer, Pfarrer, Ärzte, Heimerzieher, Sporttrainer oder andere Personen sein, die bevorzugt Umgang mit Kindern, oft aus beruflichen Gründen, pflegen.

Insgesamt machten 2 677 Personen im o.g. Abschlussbericht der Unabhängigen Beauftragten zur Aufarbeitung des sexuellen Missbrauchs Angaben zum Kontext des Missbrauchsgeschehens.

Mit 52,1 % überwiegen die Missbrauchsfälle im familiären Umfeld, weitere 32,2 % entfallen auf Missbrauch in Institutionen, 9,3 % auf das weitere soziale Umfeld und 6,5 % auf Fremdtäter bzw. Fremdtäterinnen. [86]

Im Jahre 2008 wurde zu den Profilen von 65 rechtskräftig wegen sexuellen Missbrauchs von Kindern verurteilten Tätern eine Studie zur Täter-Opfer-Beziehung erarbeitet. Hier handelte es sich bei 80 % der Täter um Verwandte oder Bekannte. [87] Im Wesentlichen decken sich die Ergebnisse hinsichtlich der Struktur der Täter aus dem Verwandtenbereich mit denen Deegeners. Interessant ist die Erkenntnis, dass die Bekannten und die fremden Täter meistens allein lebten (75 %). Bei über 40 % der Täter war der Konsum von Alkohol im Tatvorfeld zu beobachten.

40,6 % der Täter dieser Stichprobe waren mit deviantem Verhalten schon auffällig geworden. [88]

---

82 Deegener 2005, S. 38.
83 Abschlussbericht der Unabhängigen Beauftragten 2011, S. 48.
84 Schneider 1997, S. 459.
85 Deegener 2005, S. 41.
86 Abschlussbericht der Unabhängigen Beauftragten 2011, S. 47.
87 Peter/Borgerts 2008, S.302.
88 Ebd., S. 303.

In dieser Studie gaben 79,2 % der Täter an, dass sie sich ihr Opfer gezielt ausgesucht hatten.

Zu Täter und Täterinnen des sexuellen Missbrauchs von Kindern wurden verschiedene Tätertypologien entwickelt. Dabei geht es um das Bemühen, bestimmten Personen relevante Merkmale zuzuordnen.

Als wesentliches Unterscheidungsmerkmal wird einer **Typologie des sexuellen Missbrauchers** die mehr oder weniger verfestigte Neigung zur Pädosexualität zugrunde gelegt.

„Die sexuelle Ansprechbarkeit auf vorpubertäre Kinder kann sich im Einzelnen sehr individuell manifestieren. So scheint die Annahme plausibel, dass manche Personen nichts von ihrer Ansprechbarkeit – sofern diese schwach ausgeprägt ist – wissen und diese während des ganzen Lebens weder in der Fantasie noch auf der Verhaltensebene ausgelebt wird. Um sich dieser Ansprechbarkeit bewusst zu werden, ist bei diesen Personen vermutlich eine Art erstmaliges Schlüsselerlebnis nötig, das eine intensiv empfundene sexuelle Erregung gegenüber Kindern entstehen lässt."[89]

Für die polizeiliche Tätigkeit lässt sich gut mit der Tätertypologie von *Gallwitz* arbeiten:[90]

Der fixierte Tätertyp

Dieser entwickelt am Beginn der psychosexuellen Entwicklung eine Ausrichtung auf Kinder. Sexuelle Fantasien und Gedanken sind auf Kinder fixiert. Gleichaltrige Partner werden aus Unzulänglichkeits-, Minderwertigkeits-, Angst- oder Schuldgefühle gemieden. Gegenüber den Kindern nehmen sie eine Art Elternrolle ein. Sexualität mit gleichaltrigen Partnern wird meistens nicht ausgeübt.

Der fixierte Pädokriminelle wird weiter in den Verführer, introvertierten Pädokriminellen und den sadistischen Pädokriminellen unterteilt.

Der **„Verführer"** umwirbt sein Opfer, evtl. auch längere Zeit. Geduldig baut er schrittweise die Hemmungen beim Opfer ab. Er besitzt die Fähigkeit, mit Kindern erfolgreich zu kommunizieren und auf diese einzugehen.

Über diese Fähigkeiten verfügt der **introvertierte Pädokriminelle** nicht. Darum sucht er fremde Kinder aus, die er manchmal auf Spielplätzen beobachtet. Seine Übergriffe sind kurze sexuelle Attacken oder exhibitionistische Handlungen. Einige schließen auch „Alibi-Ehen", um sich zu tarnen.

Sadistische Täter aus der Gruppe der fixierten Typen bilden nur eine kleine Tätergruppe. Gewalt spielt bei ihren Übergriffen die Hauptrolle. Es besteht ein besonders großes Entführungs- und Tötungsrisiko.

Der regressive Tätertyp

Dieser Tätertyp entwickelt erst im Verlaufe seiner Biografie eine Hinwendung zum Kind. Soziale Belastungen in Familie und Beruf verunsichern sein Selbstwertgefühl und letztlich sucht er bei der sexuellen Beziehung zum Kind Ersatz und Bestätigung. Den sexuellen Übergriffen regressiver Täter und Täterinnen gehen oft Misserfolgserlebnisse mit erwachsenen Partnern voraus. Regressive

---

89 Urbaniok /Benz 2005, S. 184.
90 Gallwitz 2007, S. 11 ff. Auch Gallwitz/Paulus 2009. S. 152 ff.

Täter bauen selten überdauernde Interessen an Kindern auf. Die Übergriffe sind Folgen von Traumatisierungen, Kränkungen, Spannungen und Krisen.

Der Inzest-Täter

Dieser Tätertyp nimmt die sexuellen Übergriffe innerhalb eines Verwandtschaftsverhältnisses vor. Eine Unterscheidung in den fixierten und regressiven Tätertyp kann hier für die Gefährdungseinschätzung hilfreich sein.

„Sexuelle Übergriffe entstehen immer als Zusammenspiel mehrerer Faktoren: Motivationen auf der Täterseite, Faktoren in der Lebenssituation der Opfer und begünstigende Umstände, enthemmende Einflüsse als unmittelbarer Auslöser."[91] Beim fixierten Täter überwiegen die psycho-dynamischen Prozesse seiner grundsätzlichen Orientierung, beim regressiven Täter die Probleme, die aus seiner Lebenssituation entstanden sind.

Die Mehrzahl der Inzest-Täter sind regressive Täter.

Situationsmotivierte Pädokriminelle

Diese Täter haben keine echten sexuellen Präferenzen für Kinder. Die Opferauswahl bezieht sich allgemein auf hilflose und einfache Opfer. Oft sind dies Täter mit eher niedrigem sozioökonomischen Status.

Hierbei wird unterschieden in den **sexuell ausweichenden Täter**, den **sittlich wahllosen, skrupellosen Ausbeutungstäter** und den **sexuell wahllosen Erlebnistäter** sowie den **gesellschaftlich gescheiterten Außenseiter**.

Der sexuell ausweichende Täter verfügt über ein mangelndes Selbstwertgefühl und über geringe Konfliktbewältigungsmöglichkeiten. Die Opferauswahl erfolgt unter dem Aspekt der einfachen Verfügbarkeit.

Der sittlich wahllose Ausbeutungstäter benutzt alles und jeden in seiner Umgebung. Der sexuelle Übergriff ist Teil seines sonstigen Verhaltensmusters.

Den sexuell wahllosen Erlebnistätern fehlen jegliche sexuelle Präferenzen. Sie sind aber wählerischer und haben Vorlieben. Erlebnistäter haben eher einen höheren sozioökonomischen Status. Ihre Grundmotivation im Sex ist Ausprobieren und Experimentieren.

Der gescheiterte Außenseiter ist nicht selten bereits wegen psychischer Erkrankungen behandelt worden. Oft hat er Schwierigkeiten, in der Gesellschaft völlig angepasst zu leben. Das sexuelle Interesse an Kindern entwickelt sich aus Neugier und Unsicherheit oder auch impulsiv.

Täterinnen

Bei den Täterinnen liegt ebenfalls ein komplexes Bedingungsgefüge vor, das zur Tatauslösung führt. Sie werden in die Idealtypen Liebhaberin, Mittäterin, vorbelastete Täterin und schließlich in die atypische Täterin eingeteilt.

Der Typus der **Liebhaberin** nimmt vorpubertierende/pubertierende Jungen oder Mädchen als vollwertige Liebhaber wahr. Auch hier werden Machtgefälle, Neugier und andere Gegebenheiten ausgenutzt, wie sie bei männlichen Tätern vorliegen. **Vorbelastete Täterinnen** haben selbst schon eine Opfersituation durchlebt.

---

91   Gallwitz 2009, S. 12.

46

Mittäterinnen handeln unter dem Einfluss des männlichen Täters, von dem sie abhängig sind oder der ihnen Ängste einflößt.

Atypische Frauen sind alle die Täterinnen, die den vorgenannten Typen nicht zugeordnet werden können. Hier handelt es sich oft um psychisch kranke Frauen oder um Frauen, deren Übergriffe durch Angst, Besorgnis oder übertriebene Sorge ausgelöst wurden.

5.3 Die Opfer und Folgen der Tat

5.3.1 Warum die Opfer schweigen

Grundsätzlich ist festzustellen, dass die Folgen der Tat von den Eigenschaften des Opfers, der Begehungsweise des Täters bzw. der Täterin, der Intensität der Beziehung zwischen Täter und Opfer, dem Verhalten Dritter, der Einflussnahme des Täters oder der Täterin auf das Opfer und der Reaktion des sozialen Umfeldes abhängen. Überwiegend schweigen die Opfer häufig lange über die Tat oder bei bereits erfolgter Anzeige widerrufen sie ihre Aussagen.

Jungen fällt es oftmals sehr schwer, den Missbrauch zu benennen:*„Wenn ich ein Mädchen wäre, würde man das wohl sexuellen Missbrauch nennen".* [92] Jungen fürchten eher als „Memmen oder Waschlappen" zu gelten oder für homosexuell gehalten zu werden.

Deegener fasst die Gründe für das Schweigen der Opfer wie folgt zusammen:

— Kinder haben Angst, selbst bestraft und moralisch verurteilt zu werden (Schuldgefühle und Mitverantwortung);
— Angst vor Bestrafung durch den Missbraucher oder andere Personen (teilweise schon vorliegende Gewaltandrohungen);
— Befürchtung „Verrat" zu üben;
— Loyalitätskonflikt, was ist höherwertig, „intakte" Familie oder die eigene körperliche und seelische Unversehrtheit;
— Verantwortung für den Erhalt der Familie, Verlust des Vaterbildes wird als schwerwiegend empfunden, was sich auch auf andere Vertrauenspersonen beziehen kann;
— Bestehende Abhängigkeit, da der Täter/die Täterin emotionale Defizite auffangen konnte;
— Besondere Schuldgefühle entwickeln sich, wenn der Missbraucher der Partner der Mutter ist;
— Angst vor Ablehnung in der Schule, in der Nachbarschaft abgelehnt bzw. ins Abseits gestellt zu werden;
— Wenn die sexuellen Handlungen teilweise als angenehm empfunden wurden, erhöht sich die Mitschuld;
— Durch den sexuellen Missbrauch können sich die Opfer „erwachsen" und angenommen fühlen, daraus einen gewissen Stolz entwickeln. Dadurch wird die Verpflichtung zur Geheimhaltung im besonderen Maße angenommen. [93]

Beeindruckend stellt ein Opfer sexueller Gewalt seine Situation wie folgt dar:

„Ich bin 48. Ich bekam nach etwa 33 Jahren die Chance, den erlebten sexuellen Missbrauch aufzuarbeiten. Wenn man erst nach so langer Zeit anfangen kann

---

92 Kerger 2004, S. 493.
93 Deegener 2005, S. 81 ff.

zu reden, sind die Heilungschancen gering. Es ist soviel ganz tief innen versteckt, vergraben, verbuddelt und totgeschwiegen. Und ich weiß es heute schon, einiges ist nicht mehr hinzukriegen. Viele Beschwerden, Symptome, Auswirkungen vom sexuellen Missbrauch haben sich sehr fest gefressen, sie sind chronifiziert. Nichtsdestotrotz habe ich Chancen bekommen, zu lernen und mein Leben hat insgesamt eine doch positive Richtung genommen. Wenn es mir auch nicht ganz reicht und ich eben diesen Neid spüre und auch eine große Traurigkeit, dass mir schlimme Erlebnisse ein großes Stück von meinem Lebenskuchen glatt weggefressen haben, sehe ich Chancen und Veränderungen.

Wissen Sie, bei mir und meiner Schwester hat der sexuelle Missbrauch sehr, sehr früh angefangen. Wir waren höchstens 3 Jahre alt. Wir wurden über Jaaahre, nicht nur von EINEM missbraucht. Wir wurden systematisch zu sexuellen Diensten „abgerichtet" und zu diesem Zwecke auch „verkauft". Man ist viel zu klein, um das begreifen zu können, was da mit einem passiert und man kann sich erst recht nicht gegen irgendetwas wehren. Mein Gott – wie oft habe ich in Richtung Weltall gebettelt, irgendwer soll was machen, das DAS aufhört. Und warum kommt Niemand, der uns hilft??? Wir waren gefangen, wie kleine zappelnde Fliegen in einem Spinnennetz. Wir klebten darin fest, in diesem Sumpf aus Schmerz und Perversion und meine Schreie hallten immer weiter in dieses Weltall… da oben muss doch etwas sein, was uns hilft… Ich suchte vergebens da oben; war vielleicht auch nicht der richtige Ort. Aber ich habe da oben etwas anderes gefunden: Endlich Ruhe. Eine weite, dunkle Stille, in die ich verschwinden konnte.

Zwar ein bisschen einsam da oben, aber weit genug weg von Schmerz und Grauen. Ich wusste es schnell zu nutzen, hatte einen eigenen Weg HINAUS gefunden… in dieser Zeit sinnvoll und wichtig, für mein späteres Leben fatal. Jetzt klebte ich nicht mehr hilflos in einem Spinnennetz, jetzt verirrte sich mein Selbst in den Weiten des Universums. Ich habe mich verlassen und diese schreckliche Welt auch. Ich war nicht mehr wirklich DA und nichts konnte mir etwas antun. Der Preis: Eine dissoziative Identitätsstörung. Ich wusste lange Zeit nicht, was mit mir eigentlich los ist. Ich wusste nur, ich bin nicht lebensfähig."[94]

5.3.2 Die Folgen der Tat

Die Polizeiliche Kriminalstatistik weist für das Jahr 2009 insgesamt 14 038 Opfer für sexuellen Missbrauch von Kindern (gem. §§ 176, 176a, 176b, 179, 182, 183.I) aus. Davon sind 3 420 männlichen und 10 618 weiblichen Geschlechts. 1 687 Kinder waren jünger als 6 Jahre, 525 männlich und 1 263 weiblich.

Tab. 4

Kindliche Opfer gesamt		Männlich (m)		Weiblich (w)	
14 038		3 420		10 618	
Alter und Geschlecht der Kinder					
unter 6 Jahre			6 bis unter 14 Jahre		
Gesamt	Männlich	Weiblich	Gesamt	Männlich	Weiblich
1 687	525	1 162	12 351	2 895	9 456

Im Jahr 2010 sind 14 432 Kinder registriert, davon 10 717 weiblich (PKS 2010, Tabelle 91).

---

94 Unabhängige Beauftragte zur Aufarbeitung des sexuellen Missbrauchs, Anlage Kontext Familie.

Das Dunkelfeld in Deutschland wird in mehreren Literaturquellen so einge-schätzt, dass jedes vierte bis fünfte Mädchen und jeder zwölfte bis vierzehnte Junge sexuell missbraucht wird. [95] Kinder im Alter zwischen 7 und 13 Jahren werden am häufigsten Opfer.

Sexualisierte Gewalt bedeutet eine massive Verletzung der psychischen, seeli-schen und körperlichen Integrität des Opfers. In Abhängigkeit von den konkreten Umständen und der Intensität des Missbrauchs werden die Kinder traumatisiert. Nach *Finkelohr* zeigen allerdings 40 % der Betroffenen keine Auffälligkeiten. [96]

Es gibt kein Syndrom des sexuellen Missbrauchs, also Verhaltensauffälligkei-ten, die zweifelsfrei auf Folgen sexueller Gewalt hindeuten. Auftreten können z.B. Schlafstörungen, Einnässen oder Einkoten, Selbstverstümmelungen, Ängste, Aggressionen, Zwänge, Schwierigkeiten, soziale Beziehungen aufzubauen, dis-tanzloses ebenso wie sehr distanziertes Verhalten, sexualisiertes Verhalten, al-tersunangemessenes Wissen über Sexualität. Bei verändertem oder auffälligem Verhalten sollte sexueller Missbrauch in Betracht gezogen werden.

Kinnerley nennt dies negative Überzeugungssysteme und beschreibt für Miss-brauchsopfer die Folgenden:

„Ich bin schlecht.“

„Ich bin hilflos.“

„Ich bin beschmutzt.“

„Ich bin ein Versager.“

„Ich bin nichts.“[97]

Aus diesem Selbstbild resultieren ein geringes Selbstwertgefühl und die Mei-nung, von anderen abgelehnt zu werden. Häufig wählen dann die weiblichen Op-fer, wenn sie erwachsen sind, missbrauchende und/oder gewalttätige Männer, so dass sexuelle Gewalt zur transgenerationalen Erfahrung wird.

Sie sind der Überzeugung, dass sie nichts bewirken können.

Sexueller Missbrauch wirkt umso traumatisierender

- je enger und vertrauter die Beziehung zwischen Opfer und Täter war,
- je mehr Zwang und körperliche Gewalt angewendet wurden,
- je vollständiger die Geheimhaltung war,
- je länger die sexuelle Traumatisierung dauerte,
- je jünger das Kind bei Beginn der Traumatisierung war. [98]

Infolge dieser Traumatisierung bilden die weiblichen Opfer nur ein geringes Selbstwertgefühl aus, wähnen sich von anderen Menschen abgelehnt und wählen häufig missbrauchende und gewalttätige Männer als Partner. Eine ausführliche Übersicht zu Folgen des sexuellen Missbrauch enthält die Anlage 2.

5.4   Aspekte der Kinderpornografie

Der Bundesgerichtshof (BGH) definiert Pornografie wie folgt:

---

95   Deegener 2005, S. 34.
96   Finkelohr/Browne 1997, S. 124. Zitiert bei Kerger 2004, S. 494.
97   Kennerly 2003, S. 27.
98   Kerger 2004, S. 496.

„Als pornografisch ist eine Darstellung anzusehen, wenn sie unter Ausklammerung aller sonstigen menschlichen Bezüge sexuelle Vorgänge in grob aufdringlicher, anreißerischer Weise in den Vordergrund rückt und ihre Gesamttendenz ausschließlich oder überwiegend auf das lüsterne Interesse des Betrachters an sexuellen Dingen abzielt." (BGH St 23,44; 37,55)

Gemäß § 184 b StGB **Verbreitung, Erwerb und Besitz kinderpornografischer Schriften** sind unter Kinderpornografie pornografische Schriften zu verstehen, die sexuelle Handlungen von, an oder vor Kindern zum Gegenstand haben. Zu Schriften zählen im strafrechtlichen Sinn auch Ton- und Bildträger, Datenspeicher, Abbildungen und andere Darstellungen (§ 11 Abs. 3 StGB).

Die pornografischen Schriften müssen den sexuellen Missbrauch von Kindern zum Gegenstand haben, was zutrifft, wenn die dargestellten Handlungen die Merkmale des § 176 StGB **Sexueller Missbrauch von Kindern** aufweisen. Das bedeutet, es liegt direkter Körperkontakt vor, indem der Täter sexuelle Handlungen an einem Kind vornimmt, an sich sexuelle Handlungen oder von einem Dritten an sich vornehmen lässt. Bei indirektem Körperkontakt nimmt der Täter sexuelle Handlungen vor einem Kind vor oder er bestimmt das Kind, sexuelle Handlungen an sich selbst vorzunehmen.

Ferner muss ersichtlich sein, dass es sich um ein Kind handelt. Die pornografischen Schriften müssen ein tatsächliches oder wirklichkeitsnahes Geschehen wiedergeben. Tatsächliches Geschehen meint die authentische Aufzeichnung von sexuellem Missbrauch von Kindern unter 14 Jahren gem. § 176 StGB. [99] Wirklichkeitsnahes Geschehen erfordert nicht den Nachweis, dass der sexuelle Missbrauch tatsächlich stattgefunden hat, dem Betrachter muss es sich jedoch nach dem äußeren Erscheinungsbild so darstellen. Es erfordert nicht den Nachweis, dass das Kind noch keine 14 Jahre alt ist und auch nicht, dass das Kind tatsächlich missbraucht wurde.

Jedes kinderpornografische Produkt ist somit ein dokumentierter sexueller Übergriff. In Deutschland wird der Kern der pädosexuellen Szene auf ca. 50 000 Personen geschätzt. [100]

Dieser Kreis bedient sich regelmäßig kinderpornografischer Erzeugnisse.

Seit 2005 zeigt sich im Hellfeld eine recht schwankende Entwicklung:

	2005	2006	2007	2008	2009	2010
Kinderpornografie Besitz/Verschaffen	4 403	4 545	8 832	6 707	3 823	3 160
Kinderpornografie Verbreitung	*	2 773	2 525	2 755	3 145	2 687

Die Ursache für diese unterschiedlichen Hellfeld-Zahlen liegt u.a. darin, dass dieses Delikt nur durch intensive Recherchen aufgedeckt werden kann. Die erhöhte Zahl im Jahr 2007 ist auf die Aufdeckung eines großen Kinderporno-Rings zurückzuführen.

---

99 König 2001, S. 94.
100 Gallwitz/Paulus/Drewes 1999, S. 24.

Der oben genannte Personenkreis sucht aktiv nach Kindern, auch im Ausland, die gekauft werden. Besonders begehrt sind Aufnahmen, die ganz privat produziert und dann im Internet angeboten werden.

Wer sind die Täter? Zum einen sind die Hersteller und Konsumenten von Kinderpornografie sogenannte „Neigungstäter". Sie missbrauchen Kinder oder beobachten den sexuellen Missbrauch und filmen oder fotografieren als zusätzliche Stimulierung. Die so entstandenen Produktionen werden unter Gleichgesinnten weitergegeben, getauscht, kopiert. Die eher unprofessionelle Aufmachung wird als „Home-Video mit besonders authentischer Atmosphäre" verkauft. Dieses Material kommt dann später häufig in den Handel – aus finanziellen Interessen oder weil ein Tauschpartner die Filme weitergegeben hat.

Der kinderpornografische sexuelle Missbrauch geschieht hauptsächlich im nahen **sozialen Umfeld** und zwar überwiegend durch den Vater, Stiefvater oder den Lebensgefährten der Mutter – so die Erfahrungen der Polizei. Die Opfer werden mit Geld oder Zuwendung genötigt, mit Drohungen und/oder unter Gewalt gezwungen, erpresst, gekauft, belogen, ausgenutzt. Die Herstellung von Kinderpornografie lässt sich in einer Familie nur schwer verheimlichen. So wissen häufig Mütter oder andere Familienangehörige Bescheid – gelegentlich agiert die Mutter als Darstellerin mit auf den Filmen.

Die „professionellen" Pornografie-Hersteller haben selbst kein sexuelles Interesse an Kindern. Das Kind ist ausschließlich „Ware", die sexuelle Gewalttat dient nur dem Geschäft. Die Händlernetze sind teilweise recht gut organisiert, verfügen über relativ sichere Vertriebswege und oft einen festen Kundenstamm. Nach polizeilichen Erkenntnissen entstanden alle bekannt gewordenen kinderpornografischen Filme mit europäischen Opfern in einer Abhängigkeitssituation des Opfers vom Täter. Das heißt, dass die Täter in einer Position sind, die es ihnen erlaubt, langfristig und mit Autorität auf das Kind einzuwirken, die Missbrauchshandlungen zu erzwingen und das Schweigen für längere Zeit zu sichern – sie stehen in einer Beziehung zum Kind. Es wurden bisher keinerlei Filme gefunden, in denen es zu einem spontanen sexuellen Angriff auf Kinder kam. Zusätzlich erschütternd ist, dass fast alle Opfer von bekannt gewordenen Kinderporno-Produktionen auch an interessierte Kunden zum sexuellen Missbrauch vermittelt wurden.

Kinderprostitution, Kinderhandel und Kinderpornografie haben sich zu einem riesigen Markt mit mehreren Millionen Opfern weltweit entwickelt. Bis heute gibt es keine genauen Zahlen über das tatsächliche Ausmaß der kommerziellen Ausbeutung von Heranwachsenden. UNICEF schätzt, dass allein in Asien jedes Jahr aufs Neue **eine Million Mädchen und Buben** ins kommerzielle Sex-Geschäft gezwungen werden. Sie werden ins Ausland in Bordelle verschleppt oder verkauft. Sie warten an Fernstraßen, in billigen Hotels, Einkaufszentren oder Bahnhöfen auf Kunden. Vielfach halten die Peiniger die Erniedrigung der Kinder auf Fotos oder in Filmen fest und verbreiten die Bilder im Internet. Die sexuelle Ausbeutung von Minderjährigen ist neben Drogen- und Waffenhandel eines der einträglichsten illegalen Geschäfte. UNICEF geht davon aus, dass mit Kinderprostitution und Kinderpornografie weltweit jedes Jahr rund sechs Milliarden Euro umgesetzt werden. ECPAT (End Child Prostitution, Pornography and Trafficking of Children for Sexual Purpose: Internationale Kinderrechtsorganisation mit Sitz in Bangkok) beziffert die Zahl der Kinderprostituierten in Thailand auf 800 000, in Indien auf 400 000, auf den Philippinen auf 100 000. In Sri Lanka gaben bei einer Befragung von Schülern und Studenten 20 % der Jungen an, als Kinder missbraucht worden zu sein. Die bis zu 30 000 Kinderprostituierten in dem Inselstaat sind mehrheitlich Jungen. In Brasilien reichen die Schätzungen der Zahl minderjähriger Prostituierter von 500 000 bis zu 2 Millionen. In den USA prostituieren sich zwischen 100 000 und 300 000 Minderjährige. [101]

Immer häufiger werden Kinder im Internet sexuell belästigt. Aufgrund der Anonymität können Täter ihre Opfer suchen und finden. An Tagen mit Schulunterricht werden durchschnittlich 70 Minuten, an Tagen ohne Schulunterricht 122 Minuten in Chaträumen verbracht. Erste Erfahrungen mit Chaträumen werden im Durchschnitt mit 11,9 Jahren gemacht. Etwa ein Fünftel der Kinder ist beim ersten Chatbesuch noch nicht einmal 10 Jahre alt. [102]

„Der Austausch von Fotos von Geschlechtsteilen, Videoszenen mit sexuellen Handlungen oder die Anfragen im Cam-to-cam-Kontakt (auch c-2-c genannt – eine Verbindung, bei der Teilnehmer am Chat eine Webkamera in Betrieb haben, die Echtzeit Videobilder überträgt), sich auszuziehen bzw. sexuelle Handlungen an sich vorzunehmen, sind keine Seltenheit mehr." [103]

Die Grenzen zwischen virtueller und körperlicher Opferwerdung gehen hier zunehmend ineinander über. Die Täter nutzen das Internet, um unter teilweise falschen Angaben Minderjährige zu kontaktieren, sie auszuspionieren, ihre Schwachstellen, Nöte und Bedürftigkeiten zu erfahren, um sich bei den Opfern einzuschmeicheln und Verständnis vorzugaukeln, Hilfe anzubieten, letztlich ihre sexuellen Ziele verwirklichen zu können.

6 Tötungsdelikte an Kindern

6.1 Tötungen durch Misshandlungen

Für das Jahr 2009 wurden in der PKS 152 kindliche Todesopfer registriert; und zwar bei den Straftaten Tötungsdelikte, Körperverletzungen mit Todesfolge, sexuellem Missbrauch mit Todesfolge und Tötungen in Verbindung mit fahrlässigen Verkehrsedelikten.

Im Jahr 2010 ist aus den Angaben des **Kurzberichtes der PKS** zu Mord und Totschlag ersichtlich, dass zu diesen Delikten 69 kindliche Opfer zu verzeichnen waren. Detaillierte Angaben sind noch nicht ersichtlich. Der Bund Deutscher Kriminalbeamter und die Deutsche Kinderhilfe haben die Auswertung der Kriminalstatistik 2010 in Bezug auf kindliche Gewaltopfer vorgestellt. In Berlin erläuterte der Präsident des Bundeskriminalamtes, *Jörg Ziercke*, die erschreckende Tatsache, dass im Gegensatz zum allgemeinen Trend sinkender Kriminalität die Zahl der kindlichen Tötungsopfer im Vergleich zum Vorjahr von 152 Opfern unter 14 Jahren auf 183 getötete Kinder gestiegen ist. [104]

Die PKS weist für das Jahr 2009 insgesamt 20 Kinder aus, die Opfer eines vollendeten **Mordes** wurden, 6 davon waren männlich, 14 weiblich. 14 dieser Opfer

---

101 www.unicef.at; siehe auch Gallwitz/Paulus 2009, S. 194.
102 Gallwitz 2009, S. 6.
103 Ebenda.
104 www.rp-online.de/panorama/deutschland/Zahl-der-getoeteten-Kinder-steigt-um-20-Prozent_aid_1003021.html
    (besucht am 26.6.2011)

waren unter 6 Jahre alt. Versuchter Mord lag bei 26 Kindern vor, 12 männliche und 14 weibliche Opfer.

Bei diesen Mordfällen lagen zweimal sexuelle Motive vor. Die kindlichen Opfer waren weiblich. Zum Delikt **Totschlag** sind in der PKS 90 kindliche Opfer registriert, 47 männliche und 43 weibliche. In 48 Fällen wurde die Tat vollendet. Davon wiederum waren 25 männliche und 23 weibliche Opfer betroffen. 41 der getöteten Kinder waren unter 6 Jahren alt.

Hier wird wiederum deutlich, dass kleine Kinder stark gefährdet sind, bei Übergriffen getötet zu werden. Das wird auch bei den Daten zur **Körperverletzung mit Todesfolge** ersichtlich. Von den 7 getöteten Kindern gehörten 6 dem Altersbereich unter 6 Jahren an.

Beim sexuellen Missbrauch mit Todesfolge sind 2 weibliche Opfer ausgewiesen, von denen eines unter 6 Jahren alt war. Mit einer geschätzten Häufigkeit von 1 zu 25 000 Geburten machen Neugeborene in Deutschland in etwa die Hälfte der von den eigenen Eltern getöteten Kinder aus. [105]

Damit werden durchschnittlich mindestens 21 neugeborene Kinder pro Jahr getötet.

Schläfke/Häßler beziffern nach Auswertung mehrerer Studien die Rate der Tötungen von Kindern auf 1 – 2 % aller Tötungsdelikte. Aus kriminologischer Sicht ergebe sich für Deutschland durchschnittlich eine jährliche Opferziffer der unter 5-Jährigen von 1,93 (Opfer je 100 000 der Altersgruppe), für 6 bis 13-Jährige von 0,63. [106]

In der Literatur wird bei der Tötung von Kindern unterschieden in **Infantizid**, aktiv in Folge von Misshandlungen, von Kindesaussetzungen bzw. im erweiterten Suizid oder passiv in Folge von Vernachlässigung. Weiterhin wird unterschieden in **Filizid**, die Tötung durch Vater oder Mutter, sowie in **Neonatizid**, die Tötung eines Neugeborenen innerhalb von 24 Stunden. Das Bundeskriminalamt führte bereits 1983 eine einmalige Untersuchung zur Kindestötung in Deutschland durch, die einen Zeitraum von vierzehn Jahre umfasste und sich auf 1481 getötete Kinder bezog. [107]

Gegenwärtig nimmt das Kriminologische Forschungsinstitut Niedersachsen eine Analyse von Strafakten zu allen Fällen vollendeter Tötungsdelikte an Kindern unter sechs Jahren im Zeitraum von 1997-2006 vor. Der Abschluss des Forschungsprojektes ist bis Ende 2011 geplant.

Dazu werden auch Interviews mit Täterinnen und Tätern geführt. [108]

Eine Untersuchung von Staatsanwaltschaftsakten zu Kindesmisshandlung und Kindesvernachlässigung mit Todesfolge und schwerster Körperverletzung fand 2008 durch die Fachstelle Kinderschutz im Bundesland Brandenburg statt. [109] Untersuchungszeitraum waren die Jahre 2000 bis 2005. Alle Akten, die den genannten Kriterien entsprachen, wurden analysiert. Ziel war es, Risikofaktoren für den Kinderschutz und Handlungsbedarf herauszuarbeiten. Es handelte sich bei der Untersuchung um 27 Fälle. Die betroffenen Kinder waren zur Tatzeit im Alter bis zu 11 Jahren. 17 Opfer befanden sich im Alter von unter sechs Monaten. 20 Kinder erlitten den Tod, 13 davon waren unter 6 Monaten alt, 8 waren weiblichen und 5 männlichen Geschlechts.

---

[105] Lichte 2007, S. 9.
[106] Schläfke/ Häßler 2008, S. 167.
[107] Ebenda.
[108] www.kfn.de.
[109] Leitner/Troscheit 2008.

Die Verfasser dieser Studie entnahmen den Akten, dass die Taten überwiegend mittels einer einmaligen Misshandlung vollzogen wurden.

In allen 27 untersuchten Fällen traten 10 Männer und 6 Frauen als Täter und Täterinnen in Erscheinung. Bei den 6 Frauen handelte es sich jeweils um die Mütter, bei den Männern in 4 Fällen um die Väter, in weiteren 4 um die Lebenspartner und in einem Fall um 2 männliche Bekannte. Wiederholte Misshandlungen geschahen meist zu zweit. Frauen waren auch oft die „duldenden" Mittäterinnen.

Eine Besonderheit stellen die 9 Neonatizide dar. Hier handelten ausschließlich Täterinnen als Erst- oder Mehrfachgebärende. Ursachen waren aus den Akten nicht zu entnehmen.

Bei 5 Kindern, die den Tod erlitten, erfolgten die vorausgehenden Misshandlungen in einem Zeitraum von 21 Tagen bis 2 Jahren. Nur in 2 Fällen der getöteten Kinder fand eine wiederholte Misshandlung statt.

Als ursächlich konnten die Verfasser bei ihren Untersuchungen Affekthandlungen erkennen. Sie waren offenkundig die Folge emotionaler Überforderungssituationen.[110]

Diese wiederum entstanden nach Einschätzung des Umfeldes und der Betroffenen selbst, auf dem Hintergrund von Beziehungsdramen und Sorgerechtsproblematiken der Paare oder Überforderung und Unvermögen von Müttern.

Interessant ist das Untersuchungsergebnis aus der Analyse bezüglich des Zusammenhanges von Berufstätigkeit der Täter/innen und Motiv für die Tat. Die Tätergruppe mit dem Hintergrund „Beziehungsdramen" war berufstätig und verfügte über eine Berufsausbildung. Die Gruppe der Täter, bei denen „Überforderung und Unvermögen" als ursächlich für die Tat bewertet wurden, waren ungelernt und arbeitslos.

Die Einkommenssituation in den Familien wurde eher als angespannt beschrieben. Bei zwei Dritteln der Personen lag ein wahrnehmbares Suchtverhalten vor.[111]

Die Autoren äußern sich nur vorsichtig zu Indikatoren, die sich aus der Aktenanalyse bezüglich der Persönlichkeitsentwicklungen der Täter ergeben.

Sie benennen diese wie folgt:

- *„Trennungen der Eltern in der Kindheit der Täter (drei Fälle) und Täterinnen (zwei Fälle);*
- *Sehr strenge und gewaltbetonte Erziehungshaltung der Eltern mit z. T. drastischen psychischen Maßnahmen und Schlägen (bei je zwei Tätern / innen);*
- *„ungeordnete Verhältnisse" im Haushalt der Eltern, begleitet durch Arbeitslosigkeit und Alkohol (zwei Täter, eine Täterin);*
- *Starke Spannungen zur Mutter mit Suizidversuch einer späteren Täterin (ein Fall);*
- *Diagnostizierte psychiatrische Symptome (ein Fall von Borderline),*
- *Desinteresse der Eltern an der Persönlichkeit der Tochter (ein Fall),*
- *Mangelnde soziale Bindungsfähigkeit (ein Fall),*
- *Leichte bis mittlere Intelligenzminderung (ein Fall)."*[112]

---

110 Leitner, Troscheit, 2008, S. 7.
111 Ebenda, S. 15.
112 Ebenda, S. 16.

Hier finden sich einige Faktoren wieder, die *Guileyardo*, *Prahlow* und *Barnard* als Motive, typische Situationen und Ursachen eruierten:

– Altruismus (z. B. Kindestötung beim erweiterten Suizid, weil das Kind nicht allein gelassen werden soll);

– Euthanasie (Kind leidet an einer schweren Erkrankung);

– Akute Psychose;

– Psychische Störungen post partum
(Filizid infolge psychischer Erkrankung im Wochenbett);

– Unerwünschtes Kind (Ablehnung des Kindes, Egoismus der Eltern);

– Unerwünschte Gravidität (Schwangerschaft, häufig beim Neonatizid);

– Kindesmisshandlung (als Folge überstrenger Erziehung oder Reaktion auf kindliche Verhaltensauffälligkeiten);

– Rache gegen den Partner;

– Sexueller Missbrauch;

– Gewalt gegenüber älteren Kindern
(Auseinandersetzung mit Pubertierenden, die Probleme bereiten);

– Vernachlässigungen;

– Sadistische Bestrafungen;

– Drogen- und Alkoholmissbrauch (als begleitender Faktor);

– Epilepsie (selten);

– Münchhausen-by-proxy-Syndrom;

– Unbeteiligter Zuschauer
(Gewalt gegenüber der Schwangeren führt zum Tod des Kindes.) [113]

6.2   Tötungen mit sexueller Motivation

Gallwitz/Paulus bezeichnen jeden Pädokriminellen als potenziellen Kindermörder. [114] Sie beziehen sich dabei auf amerikanische Untersuchungen, deren Ergebnisse die Ermordung von Kindern vor allem der Gruppe der situationsmotivierten Pädokriminellen zuordnen lassen. Hier wiederum betrifft es besonders den sittlich wahllosen Ausbeutungstäter und den gesellschaftlich gescheiterten Täter.

In Deutschland waren für das Jahr 2009 zwei weibliche Opfer zu verzeichnen, die im Zusammenhang mit sexuellem Missbrauch getötet wurden.

Gallwitz/Paulus unterscheiden die Täter wie folgt:

– Täter, die nur so viel Gewalt anwenden, um die sexuelle Tat auszuführen und eher „versehentlich" töten.

– Täter, die ihre Opfer gezielt auswählen und die Tötung nicht ausschließen. Diese dient überwiegend der Verdeckung des Sexualdelikts. Hier handelt sich oft um Personen mit soziopathischen Tendenzen oder antisozialen Persönlichkeiten.

– Täter, die die Tötung vorsätzlich als Bestandteil der Tat begehen. Hierzu gehören Serienmörder und der sadistische Täter, der seine Gewaltfantasien ausleben will. [115]

---

113 Guileyardo 1999, S. 286 ff.
114 Gallwitz/Paulus 2000, S. 97.
115 Ebenda, S. 98.

Des Weiteren sind noch die Pädokriminellen zu erwähnen, die aus zurückgewiesener Liebe, Hass oder Enttäuschung bzw. wegen Scheiterns im beruflichen oder sozialen Bereich Kinder ermorden.

Eine Einteilung bezüglich des organisiert und planenden oder des chaotisch vorgehenden Kindermörders ist ebenfalls möglich, wobei Erstere eher über eine überdurchschnittliche Intelligenz verfügen, Letztere meistens den gesellschaftlich gescheiterten Außenseitern angehören und weniger intelligent sind. Nach Erkenntnissen des FBI töten diese eher in einer sicheren Umgebung in der Nähe ihres Aufenthaltsortes.

6.3   Tötungen infolge von Vernachlässigung

Anhand der Daten in der PKS lässt sich nicht herausfiltern, in wie vielen Fällen Kinder infolge von Vernachlässigung sterben. Die bereits erwähnte Studie der Fachstelle Kinderschutz in Brandenburg verzeichnete bei 27 untersuchten Fällen lediglich eine Vernachlässigung, die mit einer Misshandlung verbunden war. In der Fachliteratur wird der Zusammenhang Vernachlässigung und Misshandlung oft thematisiert, aber selten bei Tötungen dargestellt.

Traurige Berühmtheit erlangte der „Fall Karolina". Die dreijährige *Karolina* verstarb am 7.1.2004 infolge einer Hirnblutung. [116]

Die Mutter überließ das Kind nach den ersten drei Lebensmonaten weitgehend anderen Personen zur Betreuung. Sie war drogenabhängig. Es kam nur selten zum Austausch von Zärtlichkeiten zwischen Mutter und Tochter. Das Kind wurde von der Mutter öfters angeschrien und beschimpft. Da die Mutter sich prostituierte, wurde *Karolina* von Familienangehörigen und auch von ihrer Chefin betreut. Oft blieb die Mutter über Nacht aus und kam morgens betrunken zurück in die Wohnung, um anschließend bis nachmittags zu schlafen. Ende 2003 lernte die Mutter den späteren Täter kennen. Er hatte den Ruf eines hafterfahrenen und unberechenbaren Schlägers. Auch er konsumierte regelmäßig Haschisch und Alkohol. Nachdem er zunächst mit *Karolinas* Mutter und dem Kind bei deren Großeltern wohnte, ergaben sich schnell Konflikte und er zog mit den beiden aus. *Karolina* blieb nun völlig sich selbst überlassen. Ihre Mutter und deren Freund lagen bis 11.00 Uhr im Bett und begaben sich regelmäßig nachmittags in eine Gaststätte. Das Kind erhielt keinerlei Zuwendung. Ab dem 1.1.2004 begann der spätere Angeklagte das Kind systematisch massiv zu misshandeln, indem der kräftige, 1,81 m große Mann dem Kind Schläge mit der Faust ins Gesicht sowie mit einem dicken Holzstab auf beide Hände versetzte und das Kind mehrere Stunden, nur mit einem Hemdchen bekleidet, wiederholt in eine unbeheizte Kammer sperrte. Auch fügte er dem Kind mehrere Brandwunden mit der erhitzten Öffnung einer Plastikflasche zu. Nach mehrfachen solchen Misshandlungen, schlug er das Kind schließlich derart, dass es bewusstlos am Boden liegen blieb. Sie ließen das Kind ohne ärztliche Versorgung und legten es am nächsten Tag in der Toilette eines Krankenhauses ab. Dieser hier sehr verkürzt dargestellte Sachverhalt verdeutlicht die Verbindung von Vernachlässigung und Misshandlung.

So auch der folgende Fall:

Michael Tsokos, Leiter des Instituts für Rechtsmedizin der Charité und das Landesinstituts für gerichtliche und soziale Medizin in Berlin, schildert den Fall der siebenjährigen *Jessica*. Dieses Mädchen war an elterlicher Vernachlässigung un-

---

116 Boettcher 2009, S. 17 ff.

vorstellbaren Ausmaßes gestorben. [117] *Jessica* musste fünf Jahre in einem winzigen Raum verbringen, dessen Fenster mit lichtundurchlässiger Folie verklebt waren, so dass kein Licht das Zimmer erhellte. Sie trug beim Auffinden eine Windel, die mit Kabelbindern in ihrer Leistengegend fixiert war.

Bei der Obduktion stellte *Tsokos* fest, dass *Jessicas* körperliche Konstitution weit unter der Körpergröße und dem Körpergewicht normal entwickelter Kinder diesen Alters lag.

Tsokos schildert über die Obduktion:*„ Im Magen fanden wir Nahrungsreste …Mit dem Nahrungsbrei vermischt fanden wir auch Kopfhaare des Mädchens, ebenso Gips von der Wand und dem Teppich- und Tapetenreste. Alles sprach dafür, dass Jessica verhungert war."* [118]

Nach Öffnung des Dünn- und Dickdarms wurde aber sichtbar, dass diese Därme bis zum After hin mit Kotstein gefüllt waren. Diese hatten sich durch Flüssigkeitsentzug zu steinartigen Gebilden verhärtet. Aufgrund des Flüssigkeitsmangels konnte der eingedickte Kot im Darm nicht mehr abgeführt werden, weshalb der Darmtrakt verstopfte. Jessica, die endlich Nahrung nach langer Zeit bekommen hatte, schlang diese hinunter, diese gelangte in den Magen, kam jedoch nicht weiter, was zum Erbrechen führte. Das Erbrochene gelangte über die Luftröhre in die Luftwege und Jessica konnte nicht mehr atmen.

Tsokos führt aus: *„Die grausame Ironie von Jessicas Schicksal: Nach einer Ewigkeit geben die Eltern ihr wieder etwas zu essen – und das fast zu Tode verhungerte Kind stirbt an seiner letzten Mahlzeit."*

7 Wesentliche Anforderungen an die polizeiliche Arbeit

7.1 Gefahrenabwehr

7.1.1 Grundsätzliche Bestimmungen

Der Auftrag zum Kinderschutz für die Polizei ergibt sich zunächst aus den jeweiligen Polizeigesetzen der Bundesländer, in denen generell die Abwehr von Gefahren als wesentlicher Auftrag für die Polizei enthalten ist, somit auch solcher, die für Kinder bestehen. So hat beispielsweise gemäß § 1 Absatz 1 des Brandenburgischen Polizeigesetzes die Polizei die Aufgabe, …

„Gefahren für die öffentliche Sicherheit und Ordnung abzuwehren und im Rahmen dieser Aufgabe auch für die Verfolgung von Straftaten vorzusorgen und Straftaten zu verhüten (vorbeugende Bekämpfung von Straftaten) sowie die erforderlichen Vorbereitungen für die Hilfeleistungen und das Handeln in Gefahrenfällen zu treffen. [119]"

Ähnliche Formulierungen sind in anderen Polizeigesetzen zu finden. So heißt es im Hessisches Gesetz über die öffentliche Sicherheit und Ordnung (HSOG) [120]:

---

117 Tsokos 2009, S. 215.
118 Ebenda, S. 221.
119 Gesetz über die Aufgaben, Befugnisse, Organisation und Zuständigkeit der Polizei im Land Brandenburg (Brandenburgisches Polizeigesetz – BbgPolG), vom 19.3.1996 (GVBl. I S. 74) zuletzt geändert durch Gesetz vom 20.12.2010 (GVBl. I Nr. 42/2010).
120 Hessisches Gesetz über die öffentliche Sicherheit und Ordnung (HSOG) i. d. F. der Bekanntmachung vom 14.1.2005 (GVBl. I S. 14), zuletzt geändert durch Gesetz vom 14.12.2009 (GVBl. I S. 635).

§ 1 Aufgaben der Gefahrenabwehr- und der Polizeibehörden

„(1) Die Gefahrenabwehrbehörden (Verwaltungsbehörden, Ordnungsbehörden) und die Polizeibehörden haben die gemeinsame Aufgabe der Abwehr von Gefahren für die öffentliche Sicherheit oder Ordnung (Gefahrenabwehr), soweit dieses Gesetz nichts anderes bestimmt. Sie haben im Rahmen dieser Aufgabe auch die erforderlichen Vorbereitungen für die Hilfeleistung

in Gefahrenfällen zu treffen ...

(4) Die Polizeibehörden haben auch zu erwartende Straftaten zu verhüten sowie für die Verfolgung künftiger Straftaten vorzusorgen (vorbeugende Bekämpfung von Straftaten)."

Auch im Polizeigesetz des Landes Nordrhein-Westfalen ist die Gefahrenabwehr im ersten Paragrafen verankert:

§ 1 Aufgaben der Polizei

„(1) Die Polizei hat die Aufgabe, Gefahren für die öffentliche Sicherheit oder Ordnung abzuwehren (Gefahrenabwehr). Sie hat im Rahmen dieser Aufgabe Straftaten zu verhüten sowie vorbeugend zu bekämpfen und die erforderlichen Vorbereitungen für die Hilfeleistung und das Handeln in Gefahrenfällen zu treffen. Sind außer in den Fällen des Satzes 2 neben der Polizei andere Behörden für die Gefahrenabwehr zuständig, hat die Polizei in eigener Zuständigkeit tätig zu werden, soweit ein Handeln der anderen Behörden nicht oder nicht rechtzeitig möglich erscheint; dies gilt insbesondere für die den Ordnungsbehörden obliegende Aufgabe, gemäß § 1 Ordnungsbehördengesetz Gefahren für die öffentliche Ordnung abzuwehren. Die Polizei hat die zuständigen Behörden, insbesondere die Ordnungsbehörden, unverzüglich von allen Vorgängen zu unterrichten, die deren Eingreifen erfordern." [121]

Diese und ähnliche in den Polizeigesetzen allgemein verankerten Verpflichtungen zur Gefahrenabwehr beinhalten auch Maßnahmen bei Kindeswohlgefährdung, da hier häufig eine konkrete Gefahr vorliegt.

Spezifiziert sind die Aufgaben der Polizei zum Schutz von Minderjährigen (Kinder und Jugendliche bis unter 18 Jahren) in der **Polizeidienstvorschrift PDV 382, Bearbeitung von Jugendsachen, Ausgabe 1995.**

Gemäß Nr. 2.1 dieser Vorschrift hat die Polizei die Aufgabe, im Rahmen ihrer Zuständigkeiten u.a. Gefahren abzuwehren, die Minderjährigen drohen. Auf die Wahrnehmung originärer Zuständigkeiten anderer Behörden soll hingewirkt werden. Die Grundsätze der Amtshilfe bleiben unberührt. Minderjährige sind nach dieser Vorschrift Nr. 2.2 u.a. gefährdet, wenn

– aufgrund tatsächlicher Anhaltspunkte zu befürchten ist, dass sie Opfer einer rechtswidrigen Tat werden, z.B. wenn konkrete Hinweise befürchten lassen, dass sie nach Rückkehr in den familiären Bereich oder in ihr soziales Umfeld Opfer sexuellen Missbrauchs werden oder wenn die Gefahr der körperlichen Misshandlung besteht. Häufig sind es Fälle, in denen Minderjährige bereits Opfer geworden sind und nunmehr die Gefahr des erneuten Opferwerdens droht, wenn sie in ihren gewohnten Lebenskreis zurückkehren;

---

121 Polizeigesetz des Landes Nordrhein-Westfalen (PolG NRW) i. d. F. der Bekanntmachung vom 25.7.2003 (GV. NRW. S. 441), zuletzt geändert durch Gesetz vom 9.2.2010 (GV. NRW. S. 132).

58

– sie passive Teilnehmer eines Ereignisses sind, durch das ihnen eine unmittelbare Gefahr für ihr körperliches, geistiges oder seelisches Wohl droht, z.B. bei Unglücksfällen mit schwerem Personenschaden;

– sie Einflüssen ausgesetzt sind, die ihr körperliches, geistiges oder seelisches Wohl derart beeinträchtigen, dass sie in die Kriminalität abzugleiten drohen oder

– sie vermisst sind.

Minderjährige sind gem. Nr. 2.2.4 dieser Vorschrift auch dann gefährdet, wenn ihnen in der häuslichen Gemeinschaft durch **Vernachlässigung oder Missbrauch der Personensorge** eine unmittelbare Beeinträchtigung für ihr körperliches, geistiges oder seelisches Wohl droht. Dies ist regelmäßig der Fall bei

– häufigen Familienstreitigkeiten mit tätlichen Auseinandersetzungen,

– Alkohol- oder Drogensucht der Erziehungsberechtigten,

– Erziehungsberechtigten, die – für den Minderjährigen erkennbar – wiederholt rechtswidrige Taten begehen oder

– Erziehungsberechtigten, die Minderjährige zu rechtswidrigen Taten verleiten.

Darüber hinaus kann eine Gefährdung Minderjähriger vorliegen, wenn sie einer rechtswidrigen Tat verdächtig sind, insbesondere wenn sie diese rechtswidrigen Taten innerhalb von Gruppen und mit besonderer Intensität bzw. in hoher Anzahl begehen.

Minderjährige sind auch gefährdet, wenn sie sich an Orten aufhalten, an denen ihnen eine unmittelbare Gefahr für ihr körperliches, geistiges oder seelisches Wohl droht.

So fordert das Jugendschutzgesetz:

§ 8 Jugendgefährdende Orte

„Hält sich ein Kind oder eine jugendliche Person an einem Ort auf, an dem ihm oder ihr eine unmittelbare Gefahr für das körperliche, geistige oder seelische Wohl droht, so hat die zuständige Behörde oder Stelle die zur Abwendung der Gefahr erforderlichen Maßnahmen zu treffen. Wenn nötig, hat sie das Kind oder die jugendliche Person
1. zum Verlassen des Ortes anzuhalten,
2. der erziehungsberechtigten Person im Sinne des § 7 Abs. 1 Nr. 6 des Achten Buches Sozialgesetzbuch zuzuführen oder, wenn keine erziehungsberechtigte Person erreichbar ist, in die Obhut des Jugendamtes zu bringen.
In schwierigen Fällen hat die zuständige Behörde oder Stelle das Jugendamt über den jugendgefährdenden Ort zu unterrichten."

Minderjährige können zum Schutz ihrer Person von der Polizei in Gewahrsam genommen werden, um eine konkrete Gefahr für Leib und Leben, die ihnen droht, abzuwehren (Schutzgewahrsam). Darunter fallen auch ernsthafte Selbsttötungsabsichten von Minderjährigen.

Unabhängig vom Aufenthaltsort liegt eine Gefährdung in der Regel auch dann vor, wenn Minderjährige unter Einfluss von Betäubungs-, Rausch-, Arzneimitteln oder sonstigen Suchtstoffen stehen oder in verwahrlostem Zustand angetroffen werden. Anzeichen von Vernachlässigung sind insbesondere gegeben, wenn Minderjährige als Trebegänger oder wiederholt als Schulverweigerer angetroffen werden oder aus Einrichtungen der Jugendhilfe (Heimerziehung) bzw. aus sonstiger betreuter Wohnform abgängig sind oder der Prostitution nachgehen.

In Fällen des Einsatzes bei häuslicher Gewalt ist immer auch auf Hinweise für die Gefährdung von Kindern und Jugendlichen zu achten und diese sind zu dokumentieren. Die **PDV 382 Nr. 2.3** sieht bestimmte polizeiliche Maßnahmen für den Fall der Feststellung von Gefährdungen Minderjähriger vor.

Bei Antreffen gefährdeter Minderjähriger, sind sie, wenn nötig,

– zum Verlassen des jugendgefährdenden Ortes anzuhalten,

– von Erziehungsberechtigten oder deren Beauftragten abholen zu lassen oder, sofern dies nicht möglich ist, ihnen zu überstellen bzw.

– in die Obhut des Jugendamtes zu bringen.

Gefährdete Minderjährige sind zu ihrem Schutz in die Obhut des Jugendamtes zu bringen, wenn

– Erziehungsberechtigte nicht erreichbar sind;

– Erziehungsberechtigte die Aufnahme in die häusliche Gemeinschaft ablehnen;

– die Rückkehr in die häusliche Gemeinschaft nicht vertretbar erscheint, dies kann der Fall sein, wenn eine Vernachlässigung oder der Missbrauch der Personensorge konkret zu befürchten ist und das Wohl des Minderjährigen eine Inobhutnahme erfordert (§ 42 Abs. 1 Nr. 2 SGB VIII);

– der Minderjährige die Rückkehr in die häusliche Gemeinschaft aus ernsthaften Gründen glaubhaft ablehnt, z.B. Gefahr der Misshandlung, d.h. der Minderjährige um Obhut bittet (§ 42 Abs. 1 Nr. 1 SGB VIII).

In den beiden letztgenannten Fällen sind unverzüglich die Erziehungsberechtigten zu benachrichtigen. Zuständig ist regulär das Jugendamt, ansonsten ist eine geeignete Überstellung in eine kind- bzw. jugendgerechte Unterbringung zu gewährleisten. Der Transport von Minderjährigen durch die Polizei hat unter Benutzung eines Zivilfahrzeuges und durch Polizeibeamte in bürgerlicher Kleidung zu erfolgen.

Auf jeden Fall ist das Jugendamt bei Aufgreifen gefährdeter Minderjähriger zu unterrichten, wenn Maßnahmen des Jugendamtes zum Schutz Minderjähriger (§§ 42 und 43 des Kinder- und Jugendhilfegesetzes – KJHG) erforderlich erscheinen.

7.1.2 Kindeswohlgefährdung bei polizeilichen Einsätzen erkennen

Polizeibeamte werden häufig zu Einsätzen bei häuslicher Gewalt gerufen, bei denen gewalttätige Übergriffe zwischen den erwachsenen Partnern in Anwesenheit von Kindern stattfinden. Die Polizeibeamten haben es relativ häufig dann mit verschreckten, weinenden Kindern zu tun. [122] Eine Auswertung der Dokumentation von Einsätzen zu häuslicher Gewalt in Berlin zeigt, dass in 53 % der erfassten Fälle Kinder am Einsatzort anwesend waren. [123] Das rechtzeitige Erkennen von Gefährdungssituationen für Kinder bei Einsätzen zu Fällen häuslicher Gewalt kann ein wichtiger Präventionsansatz sein, insbesondere hinsichtlich der Einbeziehung des Jugendamtes, um weitere Gefährdungen abzuwenden.

---

122 Kavemann 2006, S. 18.
123 Ebenda, S. 19.

Das **Gewaltschutzgesetz** (GewSchG) hat mit der Regelung des § 2 die Möglichkeit eröffnet, dass der „Täter geht, das Opfer bleibt". Da den Kindern jedoch kein eigenes Antragsrecht nach § 3 Abs. 1 GewSchG zusteht, wenn sie selbst Opfer sind, kann bei Gefährdung des Kindeswohls das Familiengericht von Amts wegen Schutzmaßnahmen für das Kind, auch eine Wohnungswegweisung gegenüber dem Täter in Anwendung der §§ 1666, 1666a BGB veranlassen. Das Familiengericht kann den Gewaltanwender verpflichten, die Wohnung zu räumen. Das Gericht wird von Amts wegen tätig, unabhängig davon, wie es Kenntnis erlangt. Auf der Grundlage von §§ 1666 Abs. 1, 1666a Abs. 1 Satz 2 BGB können als flankierende Maßnahmen auch **Betretungs-** und **Näherungsverbote** erlassen werden. In der Regel geschieht dies auf Antrag des Jugendamtes. Auch wenn die Kinder in Fällen häuslicher Gewalt nicht selbst von Gewalt betroffen sind, so sind sie dennoch mittelbare Opfer. Sie sehen, wie der Vater die Mutter schlägt, stößt, an den Haaren reißt, sie vergewaltigt und/oder andere körperliche sowie sexuelle Übergriffe vornimmt. Sie hören die Beschimpfungen und Erniedrigungen gegenüber der Mutter, deren Erziehungskompetenz oft durch ihre eigene Hilflosigkeit eingeschränkt ist. Und sie denken:

- *Er wird sie töten.*
- *Ich muss ihr helfen.*
- *Ich muss die Kleinen raushalten.*
- *Ich muss mich einmischen, habe aber Angst mich einzumischen.*
- *Er wird mich schlagen.*
- *Er wird uns alle töten.*
- *Sie ist selber schuld, warum widerspricht sie.*
- *Sie ist so schwach, ich verachte sie.*
- *Sie tut mir so leid, ich hab sie lieb.*
- *Ich will nicht, dass er weggeht.*
- *Sollen sie doch selbst klarkommen, ich habe nichts damit zu tun.*
- *Ich möchte unsichtbar werden.*
- *Ich bin unwichtig, niemand kümmert sich um mich und meine Angst.*
- *Sie wird mich nie beschützen können.*
- *Ich bin schuld.* [124]

Kinder, die häusliche Gewalt unmittelbar oder mittelbar erleben, sind besonders gefährdet, im Erwachsenenalter selbst Gewalt anzuwenden, weil sie es nicht gelernt haben, Konflikte gewaltfrei zu lösen. Zu beachten ist in diesem Zusammenhang, dass häusliche Gewalt nicht ausschließlich von Vätern oder Lebensgefährten ausgeht!

In **Einsätzen zur häuslichen Gewalt** sind die Kinder zunächst aus dem Einsatzgeschehen zu entfernen. Oft ist es möglich, sie in die Obhut von Freunden, Nachbarn oder Verwandten, die in unmittelbarer Nähe wohnen, zu geben. Ist das nicht sofort möglich, sollte einer der im Einsatz befindlichen Polizeibeamten sich dem Kind oder den Kindern widmen.

---

124 Voß/Wolf 2008. Siehe auch: Strasser 2006, S. 53 ff.

Ob das Kind nach dem Einsatz aus der Familie herausgenommen werden muss, hängt von den Umständen ab. Wird gegenüber dem Gewaltanwender ein Platzverweis oder eine Wohnungsverweisung entsprechend des jeweiligen Polizeigesetzes ausgesprochen, ist ein Verbleib des Kindes in der Wohnung meistens möglich. Auf jedem Fall ist eine zeitnahe Information an das zuständige Jugendamt erforderlich.

Kinder brauchen nach einem Polizeieinsatz eine zeitnahe und altersgerechte Beratung. Die Isolation der Kinder kann durch ein proaktives, aufsuchendes und spezialisiertes Beratungsangebot deutlich besser durchbrochen werden. Eine sofortige emotionale und psychosoziale Unterstützung der Kinder ist erforderlich, um das negative Ausmaß des Gewalterlebens zu minimieren. Darum sollte eine Vermittlung an eine solche Beratungsstelle im Einverständnis mit einem der Erziehungsberechtigten erfolgen. Die Opferschutzbeauftragten oder Beauftragten für häusliche Gewalt in den Polizeidienststellen verfügen über die Informationen zur Erreichbarkeit solcher Opferhilfeeinrichtungen. In den internen Polizei-Netzen (Intranet) der Bundesländer sind die Adressen bzw. Telefonnummern für alle Polizeibeamten eingestellt.

Bei Veranlassung der gefahrenabwehrenden Maßnahmen sollte immer auch eingeschätzt werden, inwieweit das Kind gleichzeitig unmittelbares Opfer ist. Anhand welcher Umstände diese Einschätzung vorgenommen werden kann, wird in der folgenden Übersicht dargestellt.

Häufig werden Fälle von Kindeswohlgefährdung im Zusammenhang mit polizeilichen Einsätzen zu verschiedenen Anlässen festgestellt. Immer dann, wenn Kinder am Einsatzort aufhältlich sind, sollten darum folgende Umstände beachtet werden bzw. gezielt geprüft und ggf. nachgefragt werden:

- Hinweise auf Alkohol- und Drogenabhängigkeit der Eltern und tägliches Feiern bis in die späten Nachtstunden (durch Angehörige und Nachbarn zu erfahren);
- starke Verschmutzung der Wohnung, keine Heizungsmöglichkeit, kein sichtbarer Schlafplatz, kein Spielzeug für das Kind;
- bei Säuglingen keine altersentsprechenden Nahrungsmittel;
- extrem verschmutztes und ungepflegtes Äußeres des Kindes;
- für die Witterungsverhältnisse unangemessene Kleidung des Kindes;
- auffallende Blässe und Abmagerung des Kindes;
- sprachliche oder körperliche Zeichen einer Fehlentwicklung des Kindes;
- Verletzungserscheinungen am Kind;
- herabwürdigendes Verhalten der Eltern gegenüber dem Kind.

7.2 Strafverfolgung

7.2.1 Allgemeine Anforderungen an die strafverfolgende Tätigkeit bei Kinderschutzdelikten

Gemäß § 163 StPO hat die Polizei „Straftaten zu erforschen und alle keinen Aufschub gestattenden Anordnungen *zu treffen, um die Verdunkelung der Sache zu verhüten."* Das trifft im besonderen Maße bei Delikten zu, die sich gegen Kinder richten, um diese durch schnelle Aufklärung der Tat zu schützen. Welche Strafrechtsnormen in diesem Zusammenhang von besonderer Relevanz sind, wurde bereits unter 2.4 erläutert.

Gemeinsam mit der Justiz besteht Kinderschutz für die Polizei im Rahmen der Strafverfolgung in einer schnellen und sorgfältigen Ermittlung, der Verurteilung des Täters und soweit als möglich, dem Vermeiden von Sekundärtraumatisierungen im Verlauf des gesamten Verfahrens für die kindlichen Opferzeugen. An dieser Stelle soll nochmals unterstrichen werden, dass bei notwendigen strafverfolgenden Maßnahmen eine **exakte Beweissicherung** für das Verfahren unerlässlich ist. Gerade bei Kindeswohlgefährdung ist in der Regel von einer Gemengelage, d.h. der Notwendigkeit, gleichzeitig gefahrenabwehrende und strafverfolgende Maßnahmen einzuleiten, auszugehen.

Gem. § 161 StPO ist die Staatsanwaltschaft befugt, von allen Behörden Auskunft zu verlangen und Ermittlungen jeder Art entweder selbst vorzunehmen oder durch die Polizei vornehmen zu lassen. Im Falle von Kindesmisshandlungen bestimmt Nr. 235 der Richtlinien für das Strafverfahren und das Bußgeldverfahren (RiStBV), dass auch namenlosen und vertraulichen Hinweisen nachgegangen werden muss. Bei einer Kindesmisshandlung ist das besondere öffentliche Interesse an der Strafverfolgung grundsätzlich zu bejahen.

Um eine schnelle und sorgfältige Bearbeitung von Delikten an Kindern zu gewährleisten, gilt es, einige grundsätzliche Anforderungen für die Ermittlungsarbeit der Polizei zu erfüllen:

- Sachverhalte, die den Verdacht von Kindesmisshandlung begründen, sind insbesondere wegen der Möglichkeit weiterer Misshandlungen grundsätzlich als Sofortlagen einzustufen.
- Die Bearbeitung von Delikten, bei denen Kinder und insbesondere Kleinkinder Opfer von Straftaten sind, erfordern besonderes Verantwortungs- und Gefahrenbewusstsein auf der Sachbearbeiter- und Führungsebene.
- Die Aufnahme und Bearbeitung von Anzeigen wegen Kindesmisshandlungen muss oberste Priorität haben, auch bei hoher Verfahrensbelastung des einzelnen Sachbearbeiters.
- Zu den wichtigen Standards gehören eine regelmäßige komissariatsinterne Kommunikation zur weiteren Vorgangsbearbeitung sowie die intensive Kommunikation mit externen Stellen.
- Bei Straftaten gegen Kleinkinder, die sich nicht zum Tatgeschehen artikulieren können, kommt der Sicherung materieller Beweismittel besondere Bedeutung zu. Tatortarbeit ist bei diesen Delikten von elementarer Wichtigkeit. Spurensuche und –sicherung müssen dem Standard bei Kapitalverbrechen entsprechen.
- Im Rahmen der Sofortmaßnahmen sind nach Möglichkeit spezialisierte Sachbearbeiter hinzuziehen.
- Frühzeitig muss eine Abstimmung mit dem Jugendamt erfolgen.
- Die körperliche Untersuchung des Opfers, ggf. durch einen Facharzt oder Gerichtsmediziner, ist geboten.
- Der Zeugenermittlung kommt wegen der Eigenheit der Täter-Opfer-Beziehung besondere Bedeutung zu. [125]

Auch das **Wegschauen** und **Unterlassen** wird strafrechtlich geahndet und muss in den Verfahren entsprechend herausgearbeitet werden. Da beiden Elternteilen die Pflicht obliegt, zu verhindern, dass der jeweils andere das Kind misshandelt,

---

125 Nisse 2010, S. 617.

sind sie beide wegen Kindesmisshandlung bzw. Körperverletzung zu bestrafen, weil sie pflichtwidrig handeln (BGH Urteil v. 3.7.2003, 4 StR 190/03 m.w.N.).

Für die Bearbeitung der Delikte gegen Kinder sollten spezialisierte Sachbearbeiter besonders aus- bzw. fortgebildet sein.

Bemerkenswert ist die Arbeitsweise in **Berlin** mit einem **Kommissariat**, das zentral für die Bearbeitung von Kindesmisshandlungen zuständig ist. In jedem Fall ist in Berlin auch bei Feststellungen von Misshandlungen und Vernachlässigungen im Zusammenhang mit anderen polizeilichen Einsätzen die Fachdienststelle zu unterrichten. Die spezialisierten Beamten führen die Maßnahmen des Ersten Angriffs durch und informieren das jeweils zuständige Jugendamt, welches bei Täterschaft des/der gesetzlichen Vertreter/s des Opfers einen Pfleger zu dessen Interessenvertretung bestimmt.

Selbst die fotografische Sicherung der Spuren am Tatort sollte, wie in Berlin, durch einen spezialisierten Kriminaltechniker erfolgen, weil dieser sachkundig einschätzen kann, auf welche Detailaufnahmen es zur Beweissicherung ankommt und zugleich über die entsprechenden technischen Voraussetzungen und Fertigkeiten verfügt.

Die Situation stellt sich in einem Flächenland anders dar als in einer Großstadt. Bewährt haben sich sowohl für die Beamten der Schutz- wie auch der Kriminalpolizei **Checklisten** bzw. **Merkblätter** mit Hinweisen zum Ersten Angriff bei Fällen der Verletzung der Fürsorge- oder Erziehungspflicht (§ 171 StGB) und der Misshandlung von Schutzbefohlenen (§ 225 StGB).

Der Verfasserin sind solche Hilfsmittel aus Berlin und Mecklenburg-Vorpommern bekannt. [126]

Die Einbeziehung psychologischen Sachverstandes erweist sich in vielen Fällen als erforderlich, vor allem bei Verdacht auf sexuellen Missbrauch.

Dabei geht es nicht allein um die Umsetzung von Anforderungen eher psychologischer Art, sondern auch um die entsprechenden logistischen Voraussetzungen. Das sind speziell eingerichtete Vernehmungs- bzw. Wartezimmer für Kinder. Videodokumentierte Vernehmungen von Zeugen sollten durch speziell auf dem Gebiet der vernehmungspsychologischen und vernehmungstaktischen Besonderheiten aus- und fortgebildeten Sachbearbeiter/innen übertragen werden.

Angesichts der Besonderheiten, die sich für die Ermittlung bei Straftaten gegen das Kindeswohl benennen lassen, erhebt sich die Frage der sinnvollen strukturellen Anbindung der ermittlungsführenden Beamten. Eine Einbindung in Jugendkommissariate wäre zumindest bei Vernachlässigungsfällen denkbar, da gerade in ländlichen Bereichen günstige Voraussetzungen für die Kommunikation mit externen Partnern und zu Kenntnissen der PDV 382 vorhanden sind. Alle handelnden Personen der verschiedenen beteiligten Institutionen kennen sich persönlich, was bekanntlich schnelles Handeln erleichtert.

Durchaus denkbar ist die Ermittlungsführung in Sachen Kindesmisshandlung innerhalb der Kommissariate „Leben und Gesundheit". Allerdings ist es dann notwendig, dass die zuständigen Beamten sich die erforderlichen spezifischen Erkenntnisse auf dem Gebiet des Kinderschutzes aneignen und in die entsprechenden Kooperationen mit externen Partnern eingebunden sind.

---

126 Checkliste Delikte an Schutzbefohlenen/Kindern 2001.

7.2.2 Spezielle Anforderungen an den Ersten Angriff [127]

Bei Delikten am Kind sind die üblichen Maßnahmen am Tatort zu unspezifisch. Da diese Delikte nicht zur „Alltagskriminalität" gehören, ist eine Routine im Sinne von eingeübten Abläufen eher nicht vorhanden.

Darum sollen im Folgenden einige **Spezifika** genannt werden, die im Ersten Angriff der besonderen Beachtung bedürfen:

Körperliche Kindesmisshandlung (§ 225 StGB Misshandlung von Schutzbefohlenen)

Generell ist bei Eintreffen am Tatort eine weitere Gefährdung des Kindes zu verhindern. Selbstverständlich ist auch bei diesem Delikt die entsprechende fotografische Sicherung des Tatortes, die Fertigung von Übersichts- und Detailaufnahmen, erforderlich. Oft wird von den Tätern behauptet, das Kind sei gefallen oder habe sich an Möbelstücken gestoßen, darum gewinnt die fotografische Sicherung der Wohnung, des Hauses oder anderer Orte für die Beweisführung eine große Bedeutung.Unter 3.1 und 3.3 wurden bereits die Begehungsweisen und damit verbundenen Verletzungen beschrieben. Daraus resultieren Gegebenheiten und Spuren an den Tatbeteiligten und am Tatort, die beim Ersten Angriff insbesondere zu beachten sind:

a) Das Opfer

— Sichtbare Verletzungen am Kind sind (vollständige Entkleidung!) mit ihrer genauen Lage, Größe, Form und Farbe zu dokumentieren/fotografieren;

— bei Verdacht lebensgefährlicher Verletzungen sofortigen Transport zum Krankenhaus veranlassen (z.B. Erbrechen, Krämpfe, Brillenhämatome);

— wenn möglich und notwendig Beiziehung eines Rechtsmediziners bzw. spezialisierten Sachbearbeiters;

— im gegebenen Fall Sicherung von Spuren am Körper des Kindes, z.B. Spermaspuren, durch einen Arzt;

— Unterbringung des Kindes prüfen (nach Spurensicherung!) in Abstimmung mit dem Jugendamt (nachts Kindernotdienst).

Häufige Verletzungen und Symptome:

— *Hämatome (unterschiedlicher Ausprägung), Striemen und Narben an Wangen, Gesicht, Mundbereich, Brust- und Bauchbereich, Gesäß und Oberschenkeln.*

— *In der Mundregion Platzwunden an Lippen, Verbrennungen der Mundschleimhaut, Riss des oberen Lippenbändchens.*

— *Verbrennungen (Handflächen, Fußsohlen, Bauch, Gesäß)*

— *Verbrühungen (Gesäß, Füße und Beine).*

— *Fesselungsspuren (Arm-, Hand-, Fußgelenke).*

— *Bissspuren.*

— *Griffspuren an den Armen.*

— *Stauungsblutungen in der Augenbindehaut (Würgen).*

— *Knochenbrüche.*

— *Vergiftungen (Erbrechen, Übelsein).*

---

127 Ebenda.

b) Der Tatort

– Dokumentation und Sicherung vorhandener Spuren der Gewalteinwirkung wie Blutspuren, Haarbüschel, beschädigte Bekleidung sowie tatrelevanter Werkzeuge, wie Fesselungsmaterial, Gürtel, Teppichklopfer, Bügeleisen, auch Medikamente sowie Haushaltschemikalien (mit Dokumentation der Auffindungssituation);

– Tatmittel sind zu beschlagnahmen;

– Zeugen ermitteln (Nachbarn, Hausbewohner, andere Auskunftspersonen), übrige Geschwisterkinder besichtigen;

– Familienangehörige sind über das Zeugnisverweigerungsrecht zu belehren;

– Informatorische Befragung des Kindes in Berichtsform oder dessen Anhörung.

c) Der Täter

– Mögliche Spuren durch die Verletzung des Kindes beachten (Blut, DNA-Übertragung);

– Abwehrverletzungen;

– evtl. Blut- oder Urinprobe (Drogeneinfluss).

Die folgende Abbildung zeigt die wesentlichen Befundmuster für die Unterscheidung zwischen den Verletzungen bei Sturz und Misshandlung:

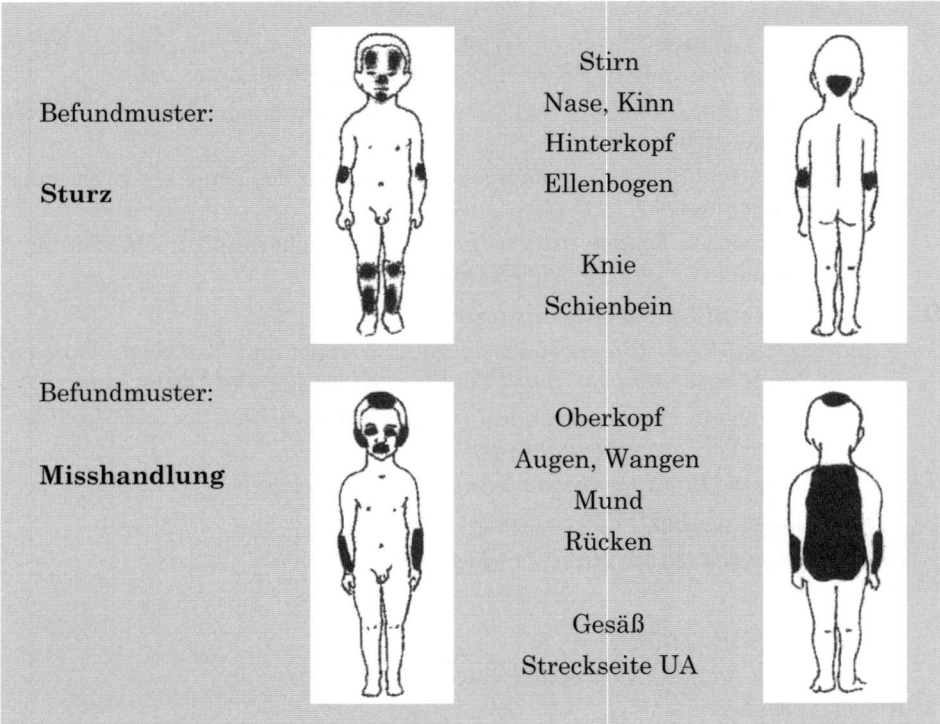

Befundmuster:

Sturz

Stirn
Nase, Kinn
Hinterkopf
Ellenbogen

Knie
Schienbein

Befundmuster:

Misshandlung

Oberkopf
Augen, Wangen
Mund
Rücken

Gesäß
Streckseite UA

Abb. 3 Entnommen aus: Erler, Th.: Zur Problematik Gewalt gegen Kinder und Jugendliche aus kinderärztlicher Sicht. In: Kindesvernachlässigung und Kindesmisshandlung. Unsere Verantwortung für den Schutz von Kindern. Fachtagung Sicherheitsoffensive Brandenburg 2004, S. 93.

Vernachlässigung (§ 171 StGB Verletzung der Fürsorge- oder Erziehungspflicht)

Auch bei diesem Delikt kommt der Hilfeleistung für das Opfer Priorität zu. Ernährungsmäßige Unterversorgung kann zu lebensbedrohlichen Zuständen führen und bedarf ggf. sofortiger ärztlicher Begutachtung und Versorgung.

Im Ersten Angriff gilt es folgende Grundsätze zu berücksichtigen:

a) Das Opfer

– Ernährungszustand des Opfers feststellen, dokumentieren/fotografieren. Abgleich mit dem altersgerechten Entwicklungsstand;

– Gesundheitliche Schäden feststellen, wie Wundsein, auffällige Hautverschmutzungen, Haut-Ekzeme.

b) Der Tatort

– Sind kindgerechte Nahrungsmittel vorhanden, frische Lebensmittel in notwendiger Menge? Wie werden diese aufbewahrt?

– Prüfen, ob es eine Schlafstätte für das Kind gibt, deren Zustand dokumentieren (evtl. durchnässt, verschmutzt);

– Zustand der Toilette und der Waschgelegenheiten;

– Vorhandensein der notwendigen altersgerechten Hygieneartikel;

– Feststellen, ob die Wohnung bzw. das Kinderzimmer beheizt oder beheizbar ist; Unterschiede der Raumtemperaturen in diesen Zimmern beachten;

– Ist altersgerechtes Spielzeug vorhanden?

– Zustand der gesamten Wohnung (evtl. Schimmel-, Schädlingsbefall, menschliche oder tierische Exkremente);

– Geschwister körperlich besichtigen und kindgerecht befragen und belehren (Zeugnisverweigerungsrecht).

c) Der Täter

– Erkennungsdienstliche Behandlung (§ 81b StPO, 2. Alternative),

– Blutprobe (Alkohol- oder Medikamenten- bzw. Drogeneinfluss).

7.2.3 Zeugenvernehmung des Kindes

7.2.3.1 Voraussetzungen

„Wer Kinder mit Erfolg vernehmen will, darf zwar immer noch wie ein Erwachsener denken, er oder sie muss aber versuchen, wie ein Kind zu empfinden."[128]

An dieser Stelle soll auf die spezifischen Anforderungen hinsichtlich des Umgangs mit dem kindlichen Opfern hingewiesen werden. Zur Vorbereitung und Durchführung von Vernehmungen allgemein wird auf die entsprechende Fachliteratur verwiesen.[129] Vor der Vernehmung des kindlichen Opfers ist ein Raum auszuwählen, der für die Schaffung einer vertrauensvollen Atmosphäre geeignet ist. Überwiegend sind in Polizeidienststellen Vernehmungszimmer für Kinder eingerichtet, die es durch eine kindgerechte Ausstattung ermöglichen, eine vertrauensvolle Basis durch das Umfeld zu unterstützen.

Selbstverständlich ist die/der Vernehmende über den Sachverhalt gut informiert.

---

128 Pohl 1993, S. 9.
129 Ackermann/Clages/Roll 2011, Kapitel XIV.

Kinder, die Opfer einer Straftat wurden, sind im besonderen Maße schutz- und hilfebedürftig. Neben der bereits erfolgten erheblichen physischen und psychischen Belastung durch die Straftat stellt die nachfolgende Strafverfolgung für sie ebenfalls eine außerordentliche Situation dar. Sind sie doch gefordert, über sehr intime Gegebenheiten zu sprechen und zudem Nachteiliges über Menschen zu sagen, die sie oft trotz der Übergriffe auf ihre körperliche oder sexuelle Integrität lieben. Dazu kommt häufig noch die Beeinflussung durch den Täter und eine ungewisse Zukunft für die Familie.

Gleich zu Beginn muss die/der Vernehmende eine vertrauensvolle Basis für die folgende Befragung schaffen, ohne eine zu enge Beziehung zum Kind einzugehen. Im Vorgespräch ist herauszufinden, in welcher Weise das Kind über seine Rechte und Pflichten belehrt werden kann, da vor Beginn der Vernehmung eine altersgemäße Belehrung des Kindes vorzunehmen ist. Besonderheiten ergeben sich bezüglich des Zeugnisverweigerungsrechts und damit ggf. der Veranlassung einer richterlichen Vernehmung.

Die Belehrung muss dem geistigen Entwicklungsstand des Kindes entsprechen und von ihm inhaltlich verstanden werden, siehe hierzu sein Zeugnisverweigerungsrecht gem. **§ 52 (1) Nr. 3 StPO.** In **Abs. 2** heißt es:

„(2) Haben Minderjährige wegen mangelnder Verstandesreife oder haben Minderjährige oder Betreute wegen einer psychischen Krankheit oder einer geistigen oder seelischen Behinderung von der Bedeutung des Zeugnisverweigerungsrechts keine genügende Vorstellung, so dürfen sie nur vernommen werden, wenn sie zur Aussage bereit sind und auch ihr gesetzlicher Vertreter der Vernehmung zustimmt. Ist der gesetzliche Vertreter selbst Beschuldigter, so kann er über die Ausübung des Zeugnisverweigerungsrechts nicht entscheiden; das Gleiche gilt für den nicht beschuldigten Elternteil, wenn die gesetzliche Vertretung beiden Eltern zusteht."

Bei Delikten gegen Kinder trifft überwiegend die Alternative zu, dass die Eltern selbst beschuldigt sind. In diesem Fall tritt an Stelle des gesetzlichen Vertreters ein vom Vormundschaftsgericht bestellter Pfleger ein (§ 1909 Abs. 1 Satz 1 BGB Ergänzungspfleger). Dies gilt auch für den nicht beschuldigten Elternteil, wenn die gesetzliche Vertretung beiden Elternteilen zusteht. In diesem Fall ist der nicht beschuldigte Elternteil an der Wahrnehmung der gesetzlichen Vertretung verhindert.[130]

Diese Fallkonstellation tritt regelmäßig auf, wenn der minderjährige Zeuge z.B. Opfer eines sexuellen Missbrauchs oder einer Kindesmisshandlung ist und ein Elternteil beschuldigt wird, beiden Elternteilen gemeinsam jedoch die gesetzliche Vertretung des Minderjährigen zusteht.[131] Das Ersuchen auf Bestellung eines Pflegers stellt der Richter, der Staatsanwalt oder das Jugendamt, im Falle der Gefährdung des Ermittlungserfolges auch die Polizei.[132] Auch der Pfleger muss belehrt werden. Im Übrigen sollte vor seiner Bestellung die Zustimmung des Minderjährigen zur Aussage vorliegen.

Haben Minderjährige von der Bedeutung des Rechts auf Aussageverweigerung, des Zeugnisverweigerungsrechts sowie des Auskunftsverweigerungsrechtes keine genügende Vorstellung, so dürfen sie nur vernommen werden, wenn sie zur Aussage bereit sind und ihr gesetzlicher Vertreter zustimmt. Die Entscheidung der Aussageperson (des Kindes), ob sie zur Aussage bereit ist oder die Aussage verweigert, ist maßgebend, vorausgesetzt, die Belehrung ist verstanden worden.

---

130 Gercke 2009, § 52 StPO, Rn. 29.
131 Clages/Nisse 2009, S. 92 f.
132 PDV 382, Nr. 3.3.5.

Letzteres ist gegeben, wenn das Kind fähig ist zu erkennen, dass seine Aussage möglicherweise zur Bestrafung eines Angehörigen beitragen kann. Hierfür gibt es keine feste Altersgrenze. [133] In einem Vermerk ist darzulegen, aus welchen Gründen auf die genügende bzw. mangelnde Verstandesreife geschlossen werden kann. [134] Bei 7-Jährigen wird sie in der Regel fehlen, bei 14-Jährigen wird sie in der Regel vorhanden sein. [135]

Gem. § 58a StPO Aufnahme der Vernehmung auf Bild-Ton-Träger soll die Vernehmung eines Zeugen aufgezeichnet werden, wenn

„1. Dies bei Personen unter 18 Jahren, die durch die Straftat verletzt sind, zur Wahrung ihrer schutzwürdigen Interessen geboten ist..."

Diese Festlegung dient vor allem der Vermeidung wiederholter Vernehmungen. Auch können nicht nur der Wortlaut, sondern die emotionale Betroffenheit und sonstige Begleitumstände konserviert werden.

Nach den Richtlinien für das Straf- und Bußgeldverfahren (RiStBV Nr.19 Abs. 2) ist *„ ... hierbei darauf zu achten, dass die vernehmende Person und der Zeuge gemeinsam und zeitgleich in Bild und Ton aufgenommen und dabei im Falle des § 52 StPO auch die Belehrung und die Bereitschaft des Zeugen zur Aussage (§ 52 Abs. 2 Satz 1 StPO) dokumentiert werden. Für die Anwesenheit einer Vertrauensperson soll nach Maßgabe des § 406f Abs. 3 StPO Sorge getragen werden."*

Die Vernehmung von besonders schutzbedürftigen Zeugen ist vorrangig den speziell auf dem Gebiet der vernehmungspsychologischen und -taktischen Besonderheiten geschulten Kriminalbeamten bzw. -beamtinnen zu übertragen. Diese Vernehmung erfordert viel Zeit, einen Raum ohne Störungen und eine intensive Kennlernphase. Ein Wechsel des Vernehmenden sollte nicht erfolgen. Die Atmosphäre sollte gekennzeichnet sein durch eine sorgfältige Einstimmungsphase, aktives Zuhören und erzählen lassen und offenen Nachfragen, wie unter 7.2.3.2 empfohlen.

Ist der minderjährige Zeuge zugleich Verletzter, sind er und der gesetzliche Vertreter nach § 406h StPO auf die dem Verletzten zustehenden besonderen Befugnisse im Verfahren hinzuweisen.

Einen wichtigen Schutz von kindlichen Opferzeugen bietet § 406f (3) StPO. Demnach kann ein verletzter Zeuge die Anwesenheit einer Person seines Vertrauens beantragen. Dieser sogenannte Vertrauensbeistand soll helfen, Belastungen möglichst gering zu halten und den kindlichen Opferzeugen Ängste vor der ungewohnten Vernehmungssituation zu nehmen. Protokolliert wird der Inhalt der Zeugenaussage in Berichtsform oder in der Frage-Antwort-Struktur. Das Kind unterschreibt die Aufzeichnung nicht.

An die Protokollierung sind folgende Anforderungen zu stellen:

— Sie sollte so viel Originalton enthalten wie möglich,

— Formulierungen sollten nicht „geglättet" sein,

— möglichst visuelle und/oder akustische Aufzeichnungen sind zu fertigen. [136]

Die abschließende Beurteilung der Glaubwürdigkeit kindlicher Zeugen ist grundsätzlich Sache des Gerichts. Der Hinzuziehung eines Sachverständigen bedarf es,

---

133 König, 2001, S. 188.
134 PDV 382, Nr. 3.5.3
135 BGHSt 14, 159; BGHSt 20, 234.
136 Pohl 1993, S. 25.

wenn die Eigenart und die Besonderheit des Falles eine Sachkunde erfordern, die ein Richter nicht hat. [137]

Alle Umstände, die für die Glaubwürdigkeit eines Kindes bedeutsam sind, sollen möglichst frühzeitig festgestellt werden. [138] Dazu sollten Eltern, Lehrer, Erzieher oder andere Bezugspersonen befragt werden und mit dem Jugendamt Kontakt aufgenommen werden (RiStBV, Nr.19. Abs. 4).

Bei Zweifeln sollte ein Sachverständiger hinzugezogen werden.

Die erste Vernehmung ist die Wichtigste. Sie bildet die Grundlage für alles Weitere. Sie muss mit besonderer Sorgfalt und Geduld durchgeführt werden. Das Kind und seine Umgebung wollen in diesem frühen Stadium aussagen, sehen sich selbst als Opfer, wollen sich befreien. Eingangs sollte das Kind gefragt werden, was der Täter gemacht hat. So kann es zunächst frei und unbeeinflusst berichten. [139]

Das Kind kann durchaus auch, z.B. beim sexuellen Missbrauch, angenehme Gefühle empfunden haben oder sich für die problematische Situation in der Familie, die nach einer Misshandlung entstanden ist, verantwortlich fühlen. Darum darf es zu keinerlei vorwurfsvollen Formulierungen von Seiten der/des Vernehmenden kommen.

7.2.3.2 Taktische Grundregeln bei der Befragung von Kindern

Deegener gibt folgende Empfehlungen für die Exploration kindlicher Opfer, aus denen die ausgewählt sind, welche auch für die Befragung durch Polizeibeamte sinnvoll sind: [140]

1.„Sammeln Sie nicht nur Beweise für eine Straftat, sondern versuchen Sie durch Ihre Fragen Ihr Verständnis für das Erleben und die Bedürfnisse des Kindes zu vertiefen….

2. Achten Sie darauf, Ihre Gefühle (also z.B. Aufregung, Ekel, Wut) nicht auf das Kind zu übertragen. Bleiben Sie ruhig und geben Sie dem Kind die Sicherheit, dass es mit einem Erwachsenen redet, der sich mit seinen Problemen und Konflikten auskennt….

3. Vermitteln Sie dem Kind auch dadurch Ruhe und Sicherheit, indem Sie ihm glauben und ihm häufiger versichern, dass nicht es die Schuld und Verantwortung trägt, sondern der Erwachsene….

4. Ermutigen Sie das Kind über das Vorgefallene zu reden, aber bohren Sie nicht zu viel, sondern überlassen Sie es auch dem Kind, wann es bereit ist, sich Ihnen anzuvertrauen und die von Ihnen gewählten Gesprächsinhalte zu ertragen….

5. Überstürzen Sie nichts, auch wenn der Druck der Situation Ihnen unerträglich erscheint….

6. …

7. Sagen Sie dem Kind …, dass es keine Verantwortung für die sexuelle Ausbeutung (oder Misshandlung, Verf.) trägt, und bezüglich des möglichen Geheimhaltungswunsches des Kindes machen Sie deutlich, dass Sie die Verantwortung übernehmen, dass der Missbrauch (oder die Misshandlung) aufhört, aber

---

137 BGH NStZ 1997, 355; BGH NStZ 1999, 257.
138 Zur Unterscheidung zwischen Aussagetüchtigkeit und Aussagefähigkeit siehe Regber 2007, S. 21 f., auch Glaubhaftigkeit und Glaubwürdigkeit, S. 35 ff.
139 Pohl 1993, S. 20.
140 Deegener 2004, S. 122.

klären Sie dabei auch die Ängste ab über die möglichen Folgen der Aufhebung des Geheimnisses....

8. Geben Sie dem Kind Klarheit und Übersicht über das momentane Geschehen: also z.B. wer Sie sind, was Sie bisher wissen, was Sie zu tun gedenken....

9. Sie müssen eine Sprache wählen, die das Kind versteht, Sie müssen auf die Ausdrücke eingehen können, die das Kind wählt....

10. ...

11. Versuchen Sie das Kind aus der Isolation herauszuführen. Teilen Sie dem Kind mit, dass auch andere Kinder ähnliches erlebt haben.... „So kann das Gefühl der Mitschuld, die das Kind belastet, abgebaut werden."

Insbesondere bei der Befragung von Kindern ist es von Bedeutung, jegliche Suggestivfragen zu vermeiden, da diese in ihrer Unsicherheit eher geneigt sind, dem vorher Gesagten zuzustimmen. Offene Fragen, wie: *„Was hast du gesehen?"* oder *„Wie ging es weiter?"*, sind gut geeignet. Möglich sind auch Bestimmungsfragen, wie: *„Um welche Uhrzeit warst du dort?"* Auswahlfragen sind ebenfalls geeignet, z.B.: *„War es im Bett oder auf der Couch?"*, wie auch Ja-Nein-Fragen: *„Hat der Papa was gesagt?"*.

Gute Hilfsmittel für die Vernehmungstaktik bei Kindern sind die Einsatzkarten „Vernehmung von Kindern".[141]

8 Prävention und schnelle Reaktion bei Kindeswohlgefährdung durch Zusammenarbeit mit externen Partnern

Präventive und repressive Maßnahmen der Polizei sind beim Kinderschutz im besonderen Maße in das Netz der vielfältigen Verantwortungsträger eingebunden.

Prävention und Vernetzung
zum Schutz der Kinder und Jugendlichen

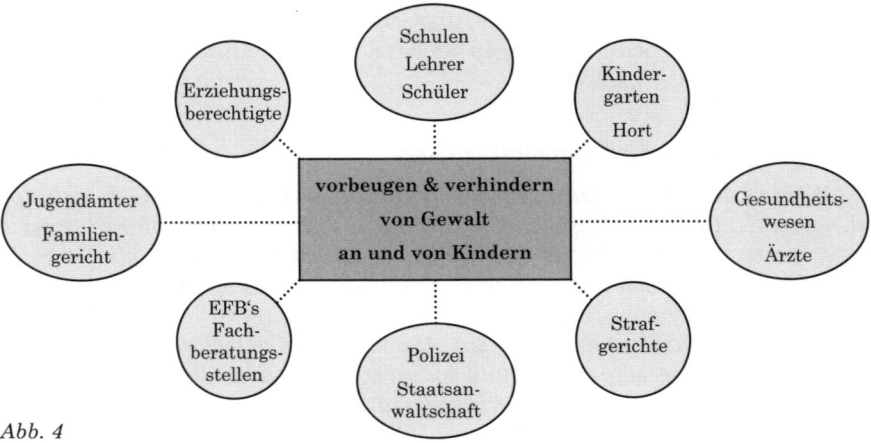

Abb. 4

Entnommen aus: Dunand, A.: Praktische Ansätze des Kinderschutzes aus Sicht eines freien Trägers, in: Kindesvernachlässigung und Kindesmisshandlung. Unsere Verantwortung für den Schutz von Kindern, Landespräventionsrat Brandenburg 2004.

---

141 Heubrock/Donzelmann 2011.

Wirksame Netzwerke zur Prävention und schnellen Reaktion bei Kindeswohlgefährdung, in die die Polizei eingebunden sein muss, setzen die Kenntnis der Pflichten und Rechte der beteiligten Partner voraus. Die wichtigsten Verantwortungsbereiche sollen darum hier kurz dargestellt werden:

8.1 Jugendhilfe

Wie bereits in der Definition der Kindeswohlgefährdung unter 1.2 verdeutlicht, sind unterschiedliche Institutionen auf dem Gebiet des Kinderschutzes mit differenzierten Aufgabenfeldern und Entscheidungskompetenzen tätig. Überwiegend steht die unterstützende und helfende Aufgabe der Jugendhilfe im Vordergrund. Nach dem Kinder- und Jugendhilfegesetz § 1 SGB VIII ist die Jugendhilfe verpflichtet, die Eltern soweit wie möglich an der Ausgestaltung der Hilfen zu beteiligen, mit den Eltern während des Hilfeprozesses zu arbeiten und die Eltern durch gezielte Beratung in die Lage zu versetzen, ihre Erziehungsaufgaben wieder selbst wahrzunehmen. Auch das staatliche Wächteramt nach Artikel 6 GG wird von der Jugendhilfe vorrangig als soziale Dienstleistung zur Verbesserung der Sozialisationsbedingungen und der Erziehungsarbeit der Eltern ausgestaltet.

Als zentrale Einrichtung der öffentlichen Jugendhilfe hat das Jugendamt die Gesamtverantwortung sowohl für die Koordination und Sicherstellung der Hilfe bei Kindeswohlgefährdung als auch für die Planung und Sicherstellung eines ausreichenden und bedarfsgerechten Systems verschiedener Hilfen für die Kinder, Jugendlichen und die Bezugspersonen vor Ort.

Die Mitarbeiter des Allgemeinen Sozialen Dienstes sind es überwiegend, die bei Verdachtsfällen in die Familien gehen und ggf. wichtige Entscheidungen zur Intervention treffen müssen. Ihnen kommt dementsprechend eine entscheidende Rolle in Fällen von Kindeswohlgefährdung zu. Das Jugendamt hat als alleinige Instanz die Möglichkeit, Kinder und Jugendliche in akuten Gefährdungssituationen auch gegen den Willen der Eltern zu schützen.[142] (Siehe auch Anlage 6)

Eine stärkere Akzentuierung und Präzisierung der Kinderschutzaufgaben und der damit zusammenhängenden Eingriffsrechte des Jugendamtes erfolgte mit der Ausformulierung des Schutzauftrages bei Kindeswohlgefährdung in § 8a SGB VIII mit der Änderung v. 19.2.2007:

„§ 8a Schutzauftrag bei Kindeswohlgefährdung

(1) Werden dem Jugendamt gewichtige Anhaltspunkte für die Gefährdung des Wohls eines Kindes oder Jugendlichen bekannt, so hat es das Gefährdungsrisiko im Zusammenwirken mehrerer Fachkräfte abzuschätzen. Dabei sind die Personensorgeberechtigten sowie das Kind oder der Jugendliche einzubeziehen, soweit hierdurch der wirksame Schutz des Kindes oder des Jugendlichen nicht in Frage gestellt wird. Hält das Jugendamt zur Abwendung der Gefährdung die Gewährung von Hilfen für geeignet und notwendig, so hat es diese den Personensorgeberechtigten oder den Erziehungsberechtigten anzubieten.

(2) In Vereinbarungen mit den Trägern von Einrichtungen und Diensten, die Leistungen nach diesem Buch erbringen, ist sicherzustellen, dass deren Fachkräfte den Schutzauftrag nach Absatz 1 in entsprechender Weise wahrnehmen und

---

142 Frühwacht 2008, S. 48.

bei der Abschätzung des Gefährdungsrisikos eine insoweit erfahrene Fachkraft hinzuziehen. Insbesondere ist die Verpflichtung aufzunehmen, dass die Fachkräfte bei den Personensorgeberechtigten oder den Erziehungsberechtigten auf die Inanspruchnahme von Hilfen hinwirken, wenn sie diese für erforderlich halten, und das Jugendamt informieren, falls die angenommenen Hilfen nicht ausreichend erscheinen, um die Gefährdung abzuwenden.

(3) Hält das Jugendamt das Tätigwerden des Familiengerichts für erforderlich, so hat es das Gericht anzurufen; dies gilt auch, wenn die Personensorgeberechtigten oder die Erziehungsberechtigten nicht bereit oder in der Lage sind, bei der Abschätzung des Gefährdungsrisikos mitzuwirken. Besteht eine dringende Gefahr und kann die Entscheidung des Gerichts nicht abgewartet werden, so ist das Jugendamt verpflichtet, das Kind oder den Jugendlichen in Obhut zu nehmen.

(4) Soweit zur Abwendung der Gefährdung das Tätigwerden anderer Leistungsträger, der Einrichtungen der Gesundheitshilfe oder der Polizei notwendig ist, hat das Jugendamt auf die Inanspruchnahme durch die Personensorgeberechtigten oder die Erziehungsberechtigten hinzuwirken. Ist ein sofortiges Tätigwerden erforderlich und wirken die Personensorgeberechtigten oder die Erziehungsberechtigten nicht mit, so schaltet das Jugendamt die anderen zur Abwendung der Gefährdung zuständigen Stellen selbst ein."

Jugendämtern wird häufig vorgeworfen, trotz Kenntnis von Kindeswohlgefährdungen untätig geblieben zu sein oder eine rechtzeitige Risikoabschätzung versäumt zu haben.

Die **Fachpraxis** [143] hat daher **Empfehlungen** erarbeitet, wie Jugendämter bei Verdacht auf Kindeswohlgefährdung vorgehen sollten. Durch die Einführung des § 8a in das SGB VIII wurde eine gesicherte Rechtsgrundlage für das Handeln der Fachkräfte geschaffen. § 8a SGB VIII ist keine Aufgabe i.S.d. § 2 SGB VIII, sondern ein vor die Klammer der Aufgaben gezogener Grundsatz, der bei der Aufgabenerfüllung zu beachten ist.

In ihm kommt zum Ausdruck, dass Jugendhilfe Hilfe durch Leistung **und** Eingriff ist und sich nicht darauf beschränken kann, mit den Eltern „ausgehandelte" Leistungen zu erbringen, wie nach Inkrafttreten des SGB VIII von den Kündern eines Paradigmenwechsels in der Jugendhilfe insinuiert wurde. § 8a SGB VIII ist ein „Fahrplan" für das Jugendamt, wenn es Hinweise auf eine Kindeswohlgefährdung erhält. Zunächst muss es weitere Informationen einholen, um eine gesicherte Tatsachenbasis („gewichtige Anhaltspunkte") für das weitere Vorgehen zu schaffen.

Dann muss es das Gefährdungsrisiko für das Kind abschätzen. Das bedeutet, dass mehrere Fachkräfte sich darüber Klarheit verschaffen müssen, wie hoch der Grad der Wahrscheinlichkeit eines Schadenseintritts beim Kind bei ungehindertem Geschehensablauf ist. [144] Eine Kindeswohlgefährdung i.S.v. § 8a SGB VIII liegt nicht schon dann vor, wenn das Wohl des Kindes nicht ausreichend gefördert wird, sondern erst dann, wenn die Wahrscheinlichkeit hoch ist, dass das körperliche, geistige oder seelische Wohl des Kindes erheblich beeinträchtigt wird. Zugleich muss überlegt und auch dokumentiert werden, mit welchen Hilfen der Schadenseintritt abgewehrt werden könnte. In einem weiteren Schritt muss das Jugendamt dann diese Hilfen den Eltern anbieten (z.B. Hilfe

---

143 Kunkel 2011, S. 3.
144 Ebenda, S. 4.

zur Erziehung nach § 27 i.V.m. §§ 28-35 SGB VIII). Kommt das **Jugendamt** zur Einschätzung, dass diese Hilfen nicht ausreichen, die Kindeswohlgefährdung zu beseitigen oder lehnen die Eltern die angebotenen Hilfen ab, ist die Gefährdungsschwelle des § 1666 BGB erreicht. Dann muss das Jugendamt das Familiengericht einschalten, damit dieses die erforderlichen Maßnahmen trifft. Neu ist, dass das Familiengericht nicht nur bei Erreichen der Gefährdungsschwelle des § 1666 BGB angerufen werden muss, sondern schon bei nicht ausreichender Mitwirkung der Personensorgeberechtigten bei der Einschätzung des Gefährdungsrisikos (§ 8a Abs. 3).

Durch diese Direktive sollen „einsame Entscheidungen" ausgeschlossen werden. Besteht Gefahr im Verzuge, d.h., dass eine Entscheidung des Familiengerichts nicht abgewartet werden kann, weil sonst mit an Sicherheit grenzender Wahrscheinlichkeit der Schaden schon eingetreten ist, muss das Jugendamt das Kind in seine Obhut nehmen. Dies geschieht auf der Rechtsgrundlage des § 42 Abs. 1 S. 1 Nr. 2b SGB VIII.

Dazu kann es notwendig sein, die Polizei um Vollzugshilfe zu bitten, weil diese mit unmittelbarem Zwang vorgehen kann, z.B. auch mit Gewalt in die Wohnung eindringen kann. Art. 13 GG (Unverletzlichkeit der Wohnung) lässt in Abs. 7 einen solchen Eingriff zu.

Mit diesem Vorgehen wird sowohl das **Elternrecht** aus Art. 6 Abs. 2 S. 1 GG gewahrt als auch dem staatlichen **Wächteramt** aus Art. 6 Abs. 2 S. 2 GG Genüge getan. Da das Elternrecht ein fremdnütziges Recht zu Gunsten des Kindes ist, folgt aus ihm, dass die Eltern zum Schutz des Kindes mit dem Jugendamt kooperieren müssen. Sie sind zur Mitwirkung bei der Risikoabschätzung verpflichtet, wenn dadurch nicht der wirksame Schutz des Kindes gefährdet wird. Auch das Kind selbst ist in die **Risikoabwägung** einzubeziehen. Dies ist wohl der einzige einleuchtende Grund, warum § 8a hinter § 8 SGB VIII (Beteiligung von Kindern und Jugendlichen) in das Gesetz eingefügt wurde. [145]

Die **verwaltungsrechtlichen Handlungspflichten** aus § 8a begründen die strafrechtliche Handlungspflicht bei einer Garantenstellung der Fachkraft im Jugendamt. Diese Garantenstellung verpflichtet den Mitarbeiter, durch Handeln den Erfolg i.S.d. Strafrechts abzuwenden. Seine Garantenstellung ergibt sich aus dem Wächteramt des Staates nach § 6 Abs. 2 S. 2 GG. Für den Mitarbeiter eines freien Trägers ergibt sich die Garantenstellung aus tatsächlicher oder vertraglicher Schutzübernahme für das Kind.

Gemäß § 13 StGB macht sich ein Mitarbeiter durch Unterlassen strafbar z.B. bei Tötungsstraftaten, Körperverletzung oder Kindesmisshandlung. Als zivilrechtliche Folge der Verletzung einer verwaltungsrechtlichen Handlungspflicht ergibt sich eine Amtspflichtverletzung. Eine Pflicht zur Erstattung einer Strafanzeige besteht jedoch nicht.

Nicht verpflichtet, den Schutzauftrag nach § 8a SGB VIII wahrzunehmen, sind Schulen, Polizei, Gesundheitsamt, Ärzte; ebenso wenig kommunale Einrichtungen der Jugendhilfe in Gemeinden, die kein eigenes Jugendamt haben (§ 69 Abs. 6 S. 1 SGB VIII). § 8a Abs. 1 SGB VIII beschränkt den Schutzauftrag ausdrücklich auf das Jugendamt. Dem Jugendamt zuzuordnen sind auch die kommunalen Einrichtungen des Trägers der öffentlichen Jugendhilfe. Mit den nicht zum

---

145 Ebenda, S. 6

Schutzauftrag verpflichteten Stellen sollten deshalb ebenfalls Vereinbarungen getroffen werden, mit denen geregelt wird, dass diese Stellen Anhaltspunkte für eine Kindeswohlgefährdung dem Jugendamt mitteilen. Auch ohne Vereinbarung besteht aber für staatliche oder kommunale Stellen eine Informationspflicht des Jugendamts, die sich aus dem staatlichen Wächteramt nach Art. 6 Abs. 2 S. 2 GG unmittelbar ergibt. Dies gilt auch für die Mitarbeiter in anderen Stellen des örtlichen Trägers der öffentlichen Jugendhilfe, z.B. des Sozialamtes oder des Gesundheitsamtes. Dennoch sollte durch Organisationsverfügung innerhalb der Behörden sichergestellt werden, dass auch von dort Anhaltspunkte für eine Kindeswohlgefährdung an die fallzuständige Fachkraft im Jugendamt weitergegeben werden.

Freie Träger der Kinder- und Jugendhilfe sind im Gegensatz zum Jugendamt nicht Träger des „staatlichen Wächteramtes". Der gesetzliche Schutzauftrag in § 1 Abs. 3 Nr. 3 SGB VII („Kinder vor Gefahren für ihr Wohl schützen") richtet sich jedoch auch an sie. Damit stellt sich ebenso für freie Träger das Problem der Risikoabschätzung und der dann erforderlichen Reaktionen. Vereinbarungen zwischen freien und öffentlichen Trägern sind inzwischen das Steuerungsinstrument zur Qualitätsgewährleistung. [146]

Häufig sind Gefährdungen des Kindeswohls nicht eindeutig erkennbar bzw. nicht ausreichend beweisbar. Hier wird schon deutlich, wie wichtig die Kooperation mit anderen am Kinderschutz beteiligten Partnern ist.

Nicht immer ist bei Polizeibeamten das Verständnis dafür vorhanden, dass es keine gesetzlichen Bestimmungen gibt, die eine Anzeige durch die Jugendhilfe bei der Polizei im Falle der Kindeswohlgefährdung zwingend erforderlich machen. Andererseits aber existiert kein allgemeines Zeugnisverweigerungsrecht entsprechend §§ 52, 53 StPO für Mitarbeiter von Jugendämtern und freien Trägern. Jugendämter sind als ausführende Organe eindeutig verpflichtet, Gefährdungen des Kindeswohls vorrangig über die Familie und die Unterstützung der Eltern und nicht gegen sie abzuwenden (vgl. § 1 Abs. 2 Satz 1 SGB VIII).

Der **Auftrag der Jugendhilfe** zur Gewährleistung des Kinderschutzes kann durch einvernehmliche Hilfe oder im Falle einer Verweigerung der Eltern gegenüber Hilfsangeboten durch gerichtliche Einschränkungen des Elternrechts und Unterbringung des Kindes in einer geeigneten und sicheren Einrichtung erfüllt werden. Schwerpunkt stellt hier der § 42 SGB VII dar, der das Jugendamt berechtigt und verpflichtet, das Kind in Obhut zu nehmen. Inobhutnahme bezeichnet die vorläufige Aufnahme und Unterbringung eines Kindes in Notsituationen durch das Jugendamt. Sie dient einer schnellen Intervention und bietet sofortigen Schutz. Meistens finden Kinder Obhut in Bereitschaftspflegefamilien und Heimeinrichtungen. Im Falle des Widerspruchs durch die Personensorgeberechtigten bei nicht rechtzeitiger familiengerichtlicher Entscheidung ist die Polizei, wie bereits erwähnt, entsprechend § 42 Abs. 6 SGB VIII im Rahmen der Vollzugshilfe einzuschalten.

Es gibt auch Fallkonstellationen, in denen zum Schutz des Kindes neben den Jugendhilfeleistungen und der Beteiligung des Familiengerichtes zusätzlich eine Anzeige bei der Polizei erfolgt. Das wird vor allem bei aktuell bekannt werdenden Fällen von sexuellem Missbrauch, Misshandlungen, in schweren Fällen von Vernachlässigung und besonders dringlich bei vermissten Kindern der Fall sein. Wichtige Aufgaben im Rahmen des Kinderschutzes nimmt des Weiteren das

---

146 Salgo 2007, S.23.

Familiengericht wahr. Es kann gem. **§1666 BGB** die zur Abwendung der Gefahr erforderlichen Maßnahmen treffen, wenn das körperliche, geistige oder seelische Wohl des Kindes durch Vernachlässigung des Kindes oder durch unverschuldetes Versagen der Eltern gefährdet ist.

Eine intensive Zusammenarbeit mit dem Familiengericht wird in erster Linie von Seiten des Jugendamtes wahrgenommen. Anordnungskompetenz bzw. Weisungsbefugnis gegenüber dem Jugendamt hat das Familiengericht jedoch nicht. Da eine unmittelbare Zusammenarbeit zwischen Polizei und Familiengericht nicht erfolgt, wird auf die Stellung und die Aufgaben dieser Institution hier nicht weiter eingegangen.

8.2 Kindereinrichtungen und Schulen

Kinderschutz ist selbstverständlich eine wichtige Aufgabe aller Einrichtungen, die mit der Bildung, Erziehung und Betreuung von Kindern befasst sind. In diesen Einrichtungen wird generell ein intensiver Kontakt mit den Eltern gepflegt. Durch ein gutes Vertrauensklima zwischen den Lehrern, Erziehern und Betreuern ist bereits eine wesentliche präventive Grundlage für den Kinderschutz geschaffen.

Auf dieser Grundlage sind Kindeswohlgefährdungen frühzeitig erkennbar.

Zum präventiven Kinderschutz gehört auch die pädagogisch-professionelle Beobachtung des einzelnen Kindes unter dem Aspekt der altersangemessenen Entwicklung unter besonderer Beachtung plötzlich auftretender Verhaltensänderungen und unter dem Aspekt der Anzeichen für Vernachlässigung und der Spuren von Misshandlungen.

Im Land Brandenburg sind hierfür z. B. die „Grenzsteine der Entwicklung als Grundlage eines Frühwarnsystems für Risikolagen in Kindertageseinrichtungen" ein wichtiges Hilfsmittel.

Diese „Grenzsteine" fußen auf medizinischen Erkenntnissen der altersgerechten Entwicklung von Körper- und Feinmotorik, der kognitiven und sozioemotionalen Entwicklung in zeitlich festgelegten Stufen.

„Die Grenzsteine der Entwicklung" lenken die Aufmerksamkeit der Erzieherin/ des Erziehers auf wichtige Entwicklungs- und Bildungssegmente, die in ihrem Verlauf und auf den jeweiligen Altersstufen bei den meisten Kindern bestimmte beobachtbare Kompetenzen hervorbringen. Sind diese Kompetenzen, die in der Grenzstein-Tabelle zu den verschiedenen Altersstufen aufgeführt sind, für die Erzieherin nicht erkennbar, dann sollte das Kind dem Kinderarzt oder Psychologen vorgestellt werden. Dieser kann mit seinen Mitteln genauer überprüfen, ob Handlungsbedarf existiert.

Die „Grenzsteine der Entwicklung" sind ein Instrument, das in der Hand der Erzieherin dazu dienen kann, **Risiken in den Bildungsverläufen** von Kindern frühzeitig zu erkennen. Die Kindertageseinrichtungen können, wenn das Instrument systematisch eingesetzt wird, Teil eines **Frühwarnsystems** werden. Dieses Frühwarnsystem vermag auf ein Zurückfallen von Kindern hinter Entwicklungsmarken in sechs wichtigen Bereichen hinzuweisen, die von 90 bis 95 Prozent aller gleichaltrigen Kinder erreicht werden. Das Verfahren hat den Vorzug, dass einige wenige Fragen ausreichen, um Warnhinweise auf ernsthafte Risikolagen erkennen zu können, so dass es im Alltag einer Kindertageseinrichtung leicht eingesetzt werden kann. Es ersetzt keine klinische Diagnose, sondern gibt Hinweise, dass eine diagnostische Abklärung von entsprechend ausgebildeten und erfahrenen Fachkräften erfolgen sollte. Frühförderstellen, sozialpädagogische und psychosoziale Zentren oder Kinderärzte und Psychologen mit entsprechender fachlicher Qualifikation verfügen über die nötige Kompetenz dazu. Die „Grenzsteine der Entwicklung" sind schon im Alter von drei Monaten bis sechs Jahren beschrieben. [147] Aus den USA liegen vielfältige Erfahrungen vor, die darauf verweisen, dass möglichst früh begonnen werden sollte, wenn es um den Ausgleich von ungünstigen Bildungschancen geht. Das heißt nicht, dass nicht auch zu einem späteren Zeitpunkt, also auch im Jahr, bevor ein Kind eingeschult werden soll, Erfolge möglich sind. So sind für das sogenannte „Würzburger Trainingsprogramm" im Bereich der Sprachförderung positive Effekte für das sechste Lebensjahr durch Untersuchungen belegt. [148]

Das Grenzstein-Instrument enthält Hinweise aus Entwicklungsschienen, die von den meisten Kindern in den betreffenden Altersstufen erreicht werden; schon für das Alter von drei, sechs, neun und zwölf Monaten sind sie einsetzbar.

Die Grenzsteine der Entwicklung sind inzwischen z.B. in Brandenburger Kindertageseinrichtungen zu einem selbstverständlichen Werkzeug der pädagogischen Arbeit geworden. [149]

Für den Kinderschutz ist auch die **präventive Arbeit mit den Eltern** wichtig. Gespräche beim Bringen, Abholen, bei Elternabenden oder zu vereinbarten Terminen ermöglichen Beratung bei Erziehungsschwierigkeiten und Entwicklungsproblemen der Kinder.

Durch den engen und zeitintensiven Umgang der Lehrer mit den Kindern in den Schulen haben sie vielfältige Möglichkeiten, Kindeswohlgefährdung bei Schülern wahrzunehmen. Die Erziehungs- und Fürsorgepflicht für die Schulen folgt aus dem Erziehungsauftrag nach Art. 7 GG. Lehrern obliegt darum die Pflicht, Eltern über Anhaltspunkte für eine Kindeswohlgefährdung zu informieren, solange dadurch der Schutz des Kindes nicht infrage gestellt ist. Einige Länder haben die Verpflichtung zur Hilfe schulgesetzlich normiert. Lehrer haben keine Pflicht zur Strafanzeige. Sie sollten sich im Verdachtsfall mit der Schulleitung beraten. Manchmal existieren feste Verbindungen mit konkreten Beratungsstellen. Die Beratung von Verdachtsmomenten ist im Team vorzunehmen und diese Verdachtsmomente sind zu dokumentieren. Auch hier ist ein rechtzeitiges Einbeziehen der Jugendhilfe zweckmäßig. Dabei spielt die Vermittlung – und falls erforderlich – Begleitung des oder der Betroffenen zu einer Erziehungs- oder Jugendberatungsstelle, zum Kinder- und Jugendnotdienst oder zum Jugendamt ggf. eine Rolle. Ältere Kinder suchen auch durchaus selbst Kinder- und Jugendnotdienste oder das Jugendamt auf. Aufklärungs- und Präventionsangebote der jeweils zuständigen Polizei sind hier hilfreich. Ein sehr übersichtlicher Ratgeber ist die Informationsbroschüre „Kinderschutz geht alle an", herausgegeben vom **Programm Polizeiliche Kriminalprävention der Länder und des Bundes** (2010), die sich an alle Erziehungsverantwortlichen wendet.

---

147 Laewen 2011.
148 Ebenda.
149 www.mbjs.brandenburg.de

8.3   Kinder- und Jugendgesundheitsdienst

Der Kinder- und Jugendgesundheitsdienst der Gesundheitsämter führt in Ergänzung vorhandener Vorsorgeangebote für Kinder und Jugendliche regelmäßige Untersuchungen zur Früherkennung von Krankheiten, Behinderungen und Entwicklungsstörungen durch. Der Kinder- und Jugendgesundheitsdienst berät die Sorgeberechtigten und Erzieher/Lehrer in allen Fragen der Gesundheitsförderung und -vorsorge und kann Mütter- und Familienberatungen sowie aufsuchende Hilfen für Familien in besonderen sozialen und gesundheitlichen Problemlagen im Einzelfall anbieten. Der Kinder- und Jugendgesundheitsdienst dokumentiert bei Verdacht auf Kindesmisshandlung äußerlich sichtbare Spuren der Gewalteinwirkung.

Die gerichtsmedizinischen Institute, ebenfalls ein Teil des öffentlichen Gesundheitsdienstes, führen gerichtsärztliche Untersuchungen im Auftrag der Staatsanwaltschaft bzw. der Gerichte durch. Im Falle einer polizeilichen Ermittlung werden bei Verdacht einer Misshandlung die Kinder auch dann untersucht, wenn noch kein gerichtliches Verfahren eingeleitet worden ist. Der Kinder- und Jugendgesundheitsdienst führt die sozialpädiatrische Betreuung in enger Zusammenarbeit mit niedergelassenen Ärzten, Kliniken und Einrichtungen, die Kinder betreuen, durch. Stellt ein Arzt Verdachtsmomente auf Kindesmisshandlung oder -vernachlässigung fest, informiert er in erster Linie das Jugendamt.

Ein wichtiges Hilfsmittel für die Ärzte ist die *„Richtlinie des Bundesausschusses der Ärzte und Krankenkassen über die Früherkennung von Krankheiten bei Kindern bis zur Vollendung des 6. Lebensjahres.“*

Der Gemeinsame Bundesausschuss (G-BA) [150] gab am 21.2.2008 eine Änderung der Kinder-Richtlinie bekannt. Im Abschnitt A „Allgemeines“ wurde unter Nummer 4 nach Satz 1 folgender Absatz eingefügt:

„Bei erkennbaren Zeichen einer Kindesvernachlässigung oder -misshandlung hat der untersuchende Arzt die notwendigen Schritte einzuleiten.“

Seit dem 24.4.2008 ist die Änderung der Richtlinie über die Früherkennung von Krankheiten bei Kindern bis zur Vollendung des 6. Lebensjahres in Kraft, zweifellos eine Verbesserung aber dennoch eine Kompromisslösung für die lange geführte Diskussion, inwieweit Ärzte in solchen Fällen zum Handeln veranlasst werden können. [151]

In der Richtlinie sind von Geburt des Kindes an Untersuchungen in bestimmen Altersstufen vorgesehen. So wird ein zwölf Monate alter Säugling im Regelfall sechs Untersuchungen unterzogen. Regelmäßig sind auch weitere Untersuchungen in den folgenden Lebensjahren vorgesehen.

Im Land Brandenburg wurde z.B. den Kinderärzten ein „Gewaltleitfaden Brandenburg“ als Handlungsempfehlung übermittelt. [152] Mit ihm steht den Ärzten das notwendige Fallmanagement zur Verfügung. In erster Linie wird auch hier die Zusammenarbeit mit den Eltern empfohlen. Je nach Gefährdungsgrad wird eine abgestufte Reaktion vorgeschlagen: Klinikeinweisung, Kontaktaufnahme mit

---

150 Gemeinsamer Bundesausschuss ist das oberste Beschlussgremium der gemeinsamen Selbstverwaltung der Ärzte, Zahnärzte, Psychotherapeuten, Krankenhäuser und Krankenkassen in Deutschland.
151 Richtlinien des Bundesausschusses der Ärzte und Krankenkassen über die Früherkennung von Krankheiten bei Kindern bis zur Vollendung des 6. Lebensjahres („Kinder-Richtlinien“) 2011, S. 1013.
152 Landtag Brandenburg, Drucksache 4/2733 2004.

dem Jugendamt oder vorübergehende Inanspruchnahme anderer Schutzmöglichkeiten, Ansprechen anderer behördlicher Hilfeeinrichtungen und schließlich Einschreiten der Polizei. Die Umsetzung des Leitfadens wurde in entsprechende Fortbildungsmaßnahmen eingebettet. Ein ähnlicher Leitfaden existiert auch in Bayern.

Der „Thüringer Leitfaden für Ärzte **Gewalt gegen Kinder**", herausgegeben von der Landesärztekammer Thüringen und dem Thüringer Ministerium für Soziales, Familie und Gesundheit sowie der Techniker Krankenkasse, Landesvertretung Thüringen, enthält u.a die Beschreibung des Phänomens von Gewalt in der Familie, epidemiologische Aspekte, Risikofaktoren der Kindesmisshandlung, diagnostisches Vorgehen sowie das ärztliche Vorgehen bei Misshandlungsverdacht. [153]

Bei einem Verdacht auf Misshandlung können die Ärzte von ihrer Schweigepflicht entbunden werden. Dies kann bei Einwilligungsfähigkeit durch das Kind selbst oder im Falle von schwerwiegenden Schäden für das Kind durch eine mutmaßliche Einwilligung geschehen.

Auch ohne ausdrückliche Einwilligung kann es zulässig sein, Informationen weiterzugeben, z.B. wenn die Voraussetzungen des „rechtfertigenden Notstandes" (§ 34 StGB) gegeben sind.

Davon unbenommen ist das Zeugnisverweigerungsrecht des Arztes für im Zusammenhang mit der Ausübung seines Berufes erlangtes Wissen. Eine gesetzliche Verpflichtung des Arztes zur Anzeige von Kindesmisshandlungen existiert nicht. Ihm wird vor allem empfohlen, das Jugendamt, eine Beratungsstelle oder einen Kinderschutzdienst einzubeziehen.

8.4   Netzwerke

8.4.1   Grundsätzliche Anforderungen

Die Polizei kann angesichts der engen Verflechtung aller beteiligten Verantwortlichen ebenso wie die anderen Institutionen und Personen nur effektiv im Kinderschutz tätig werden, wenn ihr die fallbezogenen und fallunabhängigen Aufgaben, die Kompetenz- und Hierarchiestrukturen aller Beteiligten bekannt sind. In der Praxis werden bei gravierenden Fällen von Kindeswohlgefährdung immer wieder Vorwürfe der Vertreter der einen gegenüber der anderen Einrichtung erhoben, weil Informationen nicht ausreichend übermittelt wurden oder keine Rückläufe zu eingeleiteten Maßnahmen nach entsprechender Information erfolgten.

Die Notwendigkeit der Netzwerkbildung ergibt sich u.a. aus dem doch großen Ermessensspielraum, der in der jeweiligen Institution hinsichtlich der Definition einer Kindeswohlgefährdung und der möglichen Reaktionen vorliegt. Allgemein entstehen dadurch Handlungsunsicherheiten, insbesondere durch Angst vor negativen Konsequenzen des eigenen Handelns. Daraus resultieren in manchen Fällen Verzögerungen, die evtl. schwerere Schädigungen des Kindes begünstigen. Häufig ist ein nur unzureichendes Wissen über den Handlungsrahmen der Kooperationspartner vorhanden, so dass Kooperationsmöglichkeiten nicht genügend genutzt werden.

---

153 Landesärztekammer Thüringen 2007.

Im Entwurf des Bundeskinderschutzgesetzes (BKiSchG, Deutscher Bundestag – 17. Wahlperiode Drucksache 17/6256) ist darum im § 3 Abs. 2 folgender Wortlaut enthalten:

„In das Netzwerk sollen insbesondere Einrichtungen und Dienste der öffentlichen und freien Jugendhilfe, Einrichtungen und Dienste, mit denen Verträge nach § 75 Absatz 3 des Zwölften Buches Sozialgesetzbuch bestehen, Gesundheitsämter, Sozialämter, Gemeinsame Servicestellen, Schulen, Polizei- und Ordnungsbehörden, Agenturen für Arbeit, Krankenhäuser, Sozialpädiatrische Zentren, interdisziplinäre Frühförderstellen, Schwangerschafts- und Beratungsstellen für soziale Problemlagen, Einrichtungen und Dienste zu Müttergenesung sowie zum Schutze gegen Gewalt mit engen sozialen Beziehungen, Familienbildungsstätten, Familiengerichte und Angehörige der Heilberufe einbezogen werden. Einer der beteiligten Institutionen soll die Planung und Steuerung des Netzwerkes übertragen werden. Die Beteiligten sollen die Grundsätze für eine verbindliche Zusammenarbeit in Vereinbarungen festlegen."

Bewährt hat sich zur Verbesserung der Kooperation beim Kinderschutz die Bildung von **Arbeitsgemeinschaften** auf der Ebene von Landkreisen bzw. kreisfreien Städten. Die Initiative zur Gründung solcher Arbeitsgemeinschaften kann von mit Kinderschutz befassten Institutionen (Polizei, Jugendamt, Justiz) ausgehen. Die Arbeitsgemeinschaften können auch im Rahmen bestehender Gremien gebildet werden, wie z. B. beim Jugendhilfeausschuss oder bei der Kommunalen Kriminalitätsverhütungs-Kommission.

Neben der Absprache von Einzelfällen können die generellen Probleme der Zusammenarbeit sowie der Öffentlichkeitsarbeit besprochen werden.

Als unabdingbare Prinzipien gelten für diese Zusammenarbeit:

- Gegenseitige Information über Leistungen, Möglichkeiten und Grenzen.
- Kommunikation jeweiliger Interessen, Erwartungen, Zugänge der Partner zu kommunizieren.
- Verbindlichkeit der Kooperation.
- Ergebnis- und Lösungsorientierung.
- Aufbau verlässlicher Netze.
- Moderation der Zusammenkünfte.
- Gemeinsam getragene Veranstaltungen.

Als mögliche **Teilnehmer** solcher Arbeitsgemeinschaften kommen in Betracht: Jugendämter, Mitglieder des Jugendhilfeausschusses, Polizei, Gesundheitsämter, Krankenhäuser, niedergelassene Ärzte, Richter, Staatsanwälte, Rechtsanwälte, Schulen, Schulpsychologen, Kitas, Heime, Kinderschutz-stellen, Erziehungsberatungsstellen, Jugendclubs, Familienbildungsstätten, Frauenhäuser, Sportvereine.

Die Polizei wird in diesem Gremium nicht im Zentrum stehen. Sie sollte vor allem Kinderschutz auch in den Gesamtkontext von Kriminalitätsprävention kommunizieren sowie ihre Kompetenz zur Vorbeugung von Kinderdelinquenz und häuslicher Gewalt mit einbringen. Ihre Initiative ist sicher besonders gefragt, wenn es um den Regelungsmechanismus bei Akutfällen geht und unerlässliche Voraussetzungen (beweisrelevante Dokumentationen) für das wirksame Strafverfahren zu schaffen sind.

80

Bei näherer Beschäftigung mit dem Thema Kinderschutz nimmt man wahr, dass es eine Vielzahl von Initiativen, gesetzlichen Regelungen und Aktionsprogrammen gibt. Allerdings ist davon vieles nicht bei den Mitarbeitern der verantwortlichen Institutionen bekannt. **Vernetzte Fortbildung** kann hier Abhilfe schaffen, die bekanntlich neben fachlichen Inhalten auch die Kenntnis und das Verständnis der Aufgaben des anderen Bereiches fördern.

Zur Qualifizierung der Kinderschutzarbeit sind folgende Themen empfehlenswert:

— Grundsätzliche Aspekte des Kinderschutzes,

— Erkennen von Kinderschutzfällen,

— Zusammenwirken/Zusammenarbeit der Partner,

— Aufgaben/Maßnahmen (z.B. Inobhutnahme, Entzug Personensorgerecht, Arbeit mit Eltern, Ermittlungstätigkeit),

— Inobhutnahme unter Einbeziehung von Polizei und Familiengericht,

— Arbeit mit unmotivierten Eltern,

— Kurse zur Elternhilfe,

— Umgang mit sexuellem Missbrauch von Kindern und Jugendlichen,

— Umgang mit Suchtgefährdung von Kindern und Jugendlichen,

— Datenschutz.

Das Bedürfnis der gegenseitigen Information und der schnellen Hilfe ist nur unter strikter Einhaltung des Datenschutzes umzusetzen. Es können hier nicht die gesetzlichen Grundlagen für den Datenschutz aller Beteiligten erörtert werden. Für die Polizei sind die Befugnisse zur Datenübermittlung in den jeweiligen Polizeigesetzen konkret geregelt. Gemäß § 41 Abs. 1 des Brandenburgischen Polizeigesetzes z.B. dürfen personenbezogene Daten „... *nur zu dem Zweck übermittelt werden, zu dem sie erlangt oder gespeichert worden sind. Abweichend hiervon kann die Polizei personenbezogene Daten übermitteln, soweit dies erstens durch Gesetz zugelassen ist oder zweitens zur Abwehr einer Gefahr erforderlich ist und der Empfänger die Daten auf andere Art und Weise nicht oder nicht rechtzeitig oder nur mit unverhältnismäßig hohem Aufwand erlangen kann.*"

So regelt der § 43 BbgPolG z.B. u.a. die Datenübermittlung an öffentliche Stellen. Gem. Abs. 2 kann die Polizei „*... von sich aus anderen für die Gefahrenabwehr zuständigen öffentlichen Stellen bei ihr vorhandene personenbezogene Daten übermitteln, soweit die Kenntnis dieser Daten zur Aufgabenerfüllung des Empfängers für den Bereich der Gefahrenabwehr erforderlich erscheint.*"

Die Jugendämter sind neben ihren sonstigen Aufgaben gem. § 42 Abs. 3, S. 1 SGB VIII zur **Inobhutnahme** von Kindern und Jugendlichen befugt, wenn eine dringende **Gefahr für das Wohl des Kindes** dies erfordert und das Elternrecht dem nicht entgegensteht. Insofern sind sie auch „Gefahrenabwehrbehörden", wie sie in den Polizeigesetzen definiert werden.

Gemäß § 65 SGB VIII besteht ein besonderer Vertrauensschutz in der persönlichen und erzieherischen Hilfe. In § 65 sind fünf Voraussetzungen für die Übermittlung von Sozialdaten formuliert, die dem Mitarbeiter eines Trägers der öffentlichen Jugendhilfe zum Zweck persönlicher und erzieherischer Hilfe anvertraut sind. Im § 65 Abs. 1 S. 1 Nr. 2 SGB VIII ist geregelt, dass in Fällen einer Gefährdung des Kindeswohls Mitteilungen an das Gericht auch dann gemacht werden können, wenn diese Voraussetzungen nicht vorliegen. Unter Nr. 4 ist die Möglichkeit eröffnet, solche Daten an die Fachkräfte weitergeben zu können, die zum Zwecke der Abschätzung des Gefährdungsrisikos hinzugezogen werden.

Polizeibeamte, die hoch motiviert sind, eine strikte Strafverfolgung von Kindesmisshandlung und -missbrauch zu realisieren, kritisieren häufig, dass von Seiten der Mitarbeiter der Jugendämter eigenständige Ermittlungen geführt werden, die die Fortsetzung der Straftaten nicht unterbinden und die Beweissicherung erschweren.

Die Etablierung von Netzwerken in der beschriebenen Weise kann ein sinnvolles Nebeneinander von Hilfe und Strafverfolgung durchaus ermöglichen.

8.4.2 Erfahrungen zu Netzwerken in der Praxis

In allen Bundesländern haben sich seit Mitte des ersten Jahrzehnts der 2000er Jahre Netzwerke zum Kinderschutz gebildet, um eine schnelle Reaktion auf Kindeswohlgefährdung zu ermöglichen. An einigen Beispielen soll die Zusammenarbeit der beteiligten Partner verdeutlicht werden.

Auf dem Deutschen Präventionstag 2010 berichtete *Claudia Zinke* über das Berliner Netzwerk Kinderschutz. [154]

Sie schildert, dass der Berliner Senat im Februar 2007 ein umfangreiches „Konzept für ein Netzwerk Kinderschutz" auf den Weg gebracht hat.

Es beinhaltet eine verbesserte Zusammenarbeit zwischen Kinder- und Jugendgesundheitsdiensten, Kinderärztinnen und Kinderärzten, Jugendämtern, Kindertageseinrichtungen, Schulen, Gerichten und Polizei. Inhaltlich geht es um Prävention, Beratung, Früherkennung, Krisenintervention und rechtzeitige Hilfegewährung.

Die Fragen, *„Bei welchen Zeichen muss gehandelt werden?", „Wie muss gehandelt werden?", „Wen muss ich informieren?", „Bei wem kann ich mich informieren?"*, werden seitdem im Land Berlin mit Standards und Verfahren einheitlich geregelt. [155]

Im Wesentlichen sind folgende **Maßnahmen** festgelegt worden:

- Schaffung eines Netzwerkes im Gesundheitssystem zur Früherkennung und frühen Förderung.

- Erarbeitung eines verbindlichen Indikatorenmodells, das der frühzeitigen Erkennung von Gefährdungsrisiken dient, unter Einbeziehung der Entbindungskliniken, der Hebammen, des Kinder- und Jugendgesundheitsdienstes, des Regionalen Sozialdienstes des Jugendamtes, des Sozialmedizinischen Dienstes und der niedergelassenen Kinderärztinnen und -ärzte („Berliner Kinderschutzbogen").

- Einführung berlinweiter einheitlicher Standards und Fachkriterien für die Durchführung der gesundheitsbezogenen Hausbesuche und der zu vermittelnden Hilfeangebote.

- Abschluss verbindlicher Kooperationsvereinbarungen zur Sicherung einer verlässlichen und systematischen Zusammenarbeit aller am Netzwerk Beteiligten.

---

154 Zinke 2010.
155 Ebenda, S. 1.

- Modellprojekt „Aufsuchende Elternhilfe" mit dem Schwerpunkt der Begleitung werdender, mit Risiken belasteter Mütter bereits in der Schwangerschaft bis zum 6. Lebensmonat.

- Unterzeichnung einer Kooperations-Vereinbarung zwischen dem Charité-Zentrum für Frauen-, Kinder- und Jugendmedizin und drei Bezirksämtern zur Einbeziehung des Wissenschaftsbereiches.

- Durchsetzung der Pflicht zur Vorlage eines Führungszeugnisses bei Tätigkeit im Bereich der Kinder- und Jugendhilfe (Anlage 4).

- Gemeinsam mit dem Sozialpädagogischen Fortbildungsinstitut Berlin-Brandenburg und freien Trägern wurden verbindliche Verfahren zur Reaktion auf sexuellen Missbrauch entwickelt und mit Rundschreiben 2/2009 Handlungsempfehlungen herausgegeben.

- Regelungen zur Zusammenarbeit zwischen Jugendämtern und Schulen bei Kindeswohlgefährdungen. (Schul- und Jugend-Rundschreiben Nr. 1/2006), das inzwischen durch aktuelle Handlungsleitfäden ergänzt wurde.

- Erarbeitung einer „Rahmenvereinbarung zum Schutz von Kindern suchtkranker Eltern vor der Gefährdung des Kindeswohls".

Eine wichtige Rolle spielt in Berlin die Landeskommission „Berlin gegen Gewalt", eingerichtet bei der Senatsverwaltung für Bildung, Jugend und Sport. Bereits 1994 beschloss der Berliner Senat, ein Gremium auf Staatssekretärs-Ebene einzurichten, welches für die Umsetzung von Maßnahmen zur Verhinderung und Bekämpfung von Gewalt in Berlin Sorge tragen sollte. Es werden Präventionsprojekte zu allen Formen von Gewalt und zu allen Bereichen, in denen Gewalt vorkommt, angeregt, umgesetzt, wissenschaftlich evaluiert und publiziert.

Solche und ähnliche Aktivitäten zur besseren Vernetzung aller am Kinderschutz Beteiligten sind lokal bezogen in allen Bundesländern entwickelt worden.

Eine erwähnenswerte Besonderheit bildet die Fachstelle Kinderschutz im Land Brandenburg, die bundesweit einmalig ist. Sie hat die Aufgabe, wesentliche Teile des Brandenburger Kinderschutz-Programms in die Praxis umzusetzen. Mit ihrem Angebot richtet sich die Fachstelle an Träger, Institutionen und Fachkräfte der Kinder- und Jugendhilfe in Brandenburg.

Ein Ziel ist es, die Handlungssicherheit der in Kinderschutzfragen beteiligten Fachkräfte zu stärken: durch Fachberatung und Qualifizierung sowie insbesondere durch Qualitätsentwicklung der Arbeit der Allgemeinen Sozialen Dienste der Jugendämter. Auch bei der Weiterentwicklung lokaler Netzwerkstrukturen bietet die Fachstelle Unterstützung an. Ziel ist es, die Zusammenarbeit der Jugendhilfe mit anderen Bereichen, wie Schule, Gesundheitsfürsorge, Justiz und Polizei, zu verbessern. Ein weiterer Schwerpunkt sind wissenschaftliche Untersuchungen: So hat die Fachstelle bundesweit Standards der Personalausstattung im Allgemeinen Sozialen Dienst der Jugendämter erhoben und Fälle im Land Brandenburg analysiert, in denen Kinder in Folge von Misshandlung oder Vernachlässigung schwer verletzt oder getötet wurden.

Bessere Kooperation im Kinderschutz – bei dieser Kernaufgabe unterstützt die Fachstelle Kinderschutz mit verschiedenen Angeboten: Fachveranstaltungen, Praxisbegleitung vor Ort oder Erstellen fachübergreifender Expertisen. Wirksame Konzepte im Kinderschutz müssen vor Ort entwickelt und gelebt werden.

83

Dabei begleitet die Fachstelle Brandenburger Jugendämter seit 2006. Expertisen und fachliche Stellungnahmen – eine wichtige Ergänzung zur Praxisbegleitung vor Ort – werden ebenfalls erstellt.

In einer Publikation der Fachstelle Kinderschutz ist auch eine Vereinbarung zwischen dem Jugendamt und einer Polizeidienststelle enthalten (Anlage 5). So werden Erfahrungen landesweit vermittelt.

Eine gute Grundlage zur Verbesserung des Kinderschutzes bilden die **Kinderschutzgesetze** in einigen Bundesländern.

Des Berliner „Gesetz zur Förderung der Gesundheit von Kindern und des Kinderschutzes (Berliner Kinderschutzgesetz – KiSchuG)[156] stellt Früherkennungsuntersuchungen in den Mittelpunkt. Ziel ist es, Kindern und Jugendlichen eine gesunde Entwicklung zu ermöglichen und sie vor Gefährdungen für ihr Wohl zu schützen. Kinderschutz ist eine gesamtgesellschaftliche Aufgabe. Öffentliche Einrichtungen und Stellen sowie Einrichtungen und Dienste anderer Träger der gesundheitlichen, sozialen und pädagogischen Betreuung und Förderung von Kindern oder Jugendlichen haben im Rahmen ihrer Aufgaben und der bestehenden Gesetze darauf hinzuwirken, den Kinderschutz zu gewährleisten. Auch im Land Sachsen-Anhalt steht die Förderung der Kindergesundheit unter anderem durch die Steigerung der Inanspruchnahme der Untersuchungsangebote zur Früherkennung von Krankheiten (Früherkennungsuntersuchungen) bei Kindern und die Früherkennung von Risiken für das Kindeswohl sowie die konsequente Sicherstellung der erforderlichen Hilfe im Vordergrund.[157]

Das Kinderschutzgesetz in Schleswig-Holstein trat bereits im Jahre 2008 in Kraft.[158] Es beinhaltet insbesondere Grundsätze des Kinderschutzes, Aufgaben der Jugendämter, Angebote zur Bildung, Beratung und Unterstützung von Familien, Förderung überregionaler Träger des Kinder- und Jugendschutzes, Fortbildung, Qualifizierung, Leistungen und Maßnahmen bei Kindeswohlgefährdung in den Kooperationskreisen. Früherkennungsuntersuchungen für Kinder sind ebenfalls geregelt.

Länder, die kein Kinderschutzgesetz beschlossen haben, verfügen meistens über Landesprogramme, die den Kinderschutz regeln.

Wirksamer Kinderschutz ist nur zu verwirklichen, wenn er von langfristiger Prävention begleitet wird. In dem bereits erwähnten Heft der Zentralstelle **Programm Polizeiliche Kriminalprävention** „Kinderschutz geht alle an" findet der Interessierte ein großes Informationsangebot zu den verschiedensten Themen und diverse Internetanschriften für Ansprechpartner sowie entsprechende Literaturempfehlungen und Internetadressen für Ratsuchende.[159]

8.4.3 Die Kinderschutz-Hotline

In einigen Ländern sind Kinderschutz-Hotlines eingerichtet, die es jedermann ermöglichen, Verdachtsmomente direkt an die Polizei oder an das Jugendamt weiterzugeben. In Berlin, Hamburg, Bremen und Mecklenburg-Vorpommern hat diese Einrichtung zur Erhöhung des Verfahrens-Aufkommens geführt, weil

---

156 Berliner Gesetz zum Schutz und Wohl des Kindes Vom 17.12.2009.
157 Gesetz zum Schutz des Kindeswohls und zur Förderung der Kindergesundheit in der Fassung vom 9.12.2009.
158 Gesetz zur Weiterentwicklung und Verbesserung des Schutzes von Kindern und Jugendlichen in Schleswig-Holstein (Kinderschutzgesetz) vom 1.4.2008.
159 Programm polizeiliche Kriminalprävention 2010.

mehr Delikte aus dem Dunkelfeld bekannt wurden. Die Hotlines werden unterschiedlich verwaltet. In Hamburg ist diese beim Kinder- und Jugendnotdienst eingerichtet, während in Berlin seit 2007 diese Hotline direkt vom zuständigen Kommissariat des Landeskriminalamtes für Delikte an Kindern bedient wird. In Berlin wird die Bevölkerung mittels Plakaten und Flyer wiederholt aufgefordert, von dieser Hotline Gebrauch zu machen (Anlage 3).

In einem Flächenland erweist sich eine solche Einrichtung als komplizierte Herausforderung.

Wenn eine Kinderschutz-Hotline nicht bei der Polizei eingerichtet und betrieben werden soll, ist zu beachten, dass gemäß SGB VIII die Zuständigkeit für Maßnahmen in Fällen von Kindeswohlgefährdung dezentral bei den Kommunen, d.h. den Landkreisen und kreisfreien Städten, und eben nicht zentral beim jeweiligen Landesjugendamt oder dem Sozialministerium liegt. Dies hat zur Folge, dass ein landesweiter zentraler Sondernotruf in Form einer Kinderschutz-Hotline lediglich im Auftrag der Jugendämter zentral betrieben werden kann. In Mecklenburg-Vorpommern bedeutete dies, dass 18 verschiedene Landkreise und kreisfreie Städte mit Landräten und Oberbürgermeistern unterschiedlicher parteipolitischer Ausrichtung davon überzeugt werden mussten, an einem gemeinsamen Projekt „Kinderschutzhotline Mecklenburg-Vorpommern" teilzunehmen und eine entsprechende Vereinbarung mit dem Landesamt für Gesundheit und Soziales (LAGUS), bei dem in Mecklenburg-Vorpommern das Landesjugendamt angebunden ist, zu unterzeichnen. Als hilfreich hatte sich hierbei erwiesen, dass der Landesbeauftragte für Datenschutz und Informationsfreiheit Mitglied der mit der Umsetzung beauftragten Projektgruppe war. Bei einer zentralen Kinderschutz-Hotline der Polizei, wie z.B. im Landeskriminalamt Berlin betrieben, wäre ein derartiger Einigungsprozess nicht erforderlich gewesen. Fazit ist, dass es grundsätzlich schneller und einfacher ist, eine Kinderschutz-Hotline bei der Polizei einzurichten, da es hier nicht erst erforderlich ist, unterschiedliche Landkreise und kreisfreie Städte zu einem Konsens zu bewegen. Andererseits hat sich am Beispiel von Mecklenburg-Vorpommern gezeigt (Hotline seit 1.2.2008), dass ein derartiger Konsens durchaus erzielt werden kann. Zugleich berücksichtigen gemeinsame Hotlines der Jugendämter sehr viel intensiver den Grundgedanken der von der Verfassung her gewollten kommunalen Selbstverwaltung und stellen somit ein demokratischeres Verfahren dar, das am Ende zu einer höheren Identifizierung aller Beteiligten mit „ihrer" Hotline zu führen vermag. [160]

Becker führt hierzu aus:

„Mit einer Kinderschutzhotline lässt sich die Wahrscheinlichkeit, über eine Vernachlässigung, Misshandlung oder den Missbrauch von Kindern Kenntnis zu erlangen, deutlich erhöhen. Hierdurch kann schneller und vielleicht auch nur das eine oder andere Mal rechtzeitiger interveniert und das Schlimmste oder Schlimmeres verhütet werden." [161]

---

160 Becker 2010, S. 2.
161 Ebenda, S. 4.

Anlage 1

Statistisches Bundesamt - F

2- Wiesbaden 2010

6 Eheschließungen

6.5 Durschschnittliches Heiratsalter nach dem bisherigen Familienstand der Ehepartner*

Jahr	Durchschnittliches Heiratsalter in Jahren							
	Männer				Frauen			
	insge-samt	Familienstand vor der Eheschließung			insge-samt	Familienstand vor der Eheschließung		
		ledig	ver-witwet	geschie-den		ledig	ver-witwet	geschie-den
Deutschland								
1991	31,8	28,5	57,6	41,5	28,9	26,1	45,6	38,0
1992	32,1	28,8	57,7	42,0	29,3	26,4	47,1	38,5
1993	32,5	29,2	58,8	42,4	29,7	26,8	48,6	38,8
1994	32,8	29,4	58,9	42,7	30,0	27,1	48,6	39,0
1995	33,2	29,7	59,3	43,0	30,3	27,3	48,9	39,3
1996	33,4	30,0	60,0	43,2	30,6	27,6	49,1	39,4
1997	33,7	30,3	59,7	43,4	30,9	27,8	48,8	39,6
1998	34,3	30,6	60,0	43,7	31,3	28,0	49,2	40,0
1999	34,7	31,0	60,7	44,1	31,7	28,3	50,2	40,4
2000	35,0	31,2	60,8	44,4	31,9	28,4	50,2	40,8
2001	35,9	31,6	62,0	45,2	32,6	28,8	51,5	41,7
2002	35,4	31,8	60,4	44,5	32,3	28,8	50,0	40,9
2003	35,8	32,0	60,9	44,9	32,5	29,0	50,7	41,3
2004	36,2	32,4	61,2	45,3	33,0	29,4	50,8	41,8
2005	36,5	32,6	61,3	45,8	33,3	29,6	50,9	42,4
2006	36,5	32,6	61,8	46,2	33,3	29,6	51,4	42,9
2007	36,7	32,7	62,2	46,7	33,5	29,8	52,0	43,4
2008	37,0	33,0	62,6	47,1	33,8	30,0	52,3	44,0
2009	37,2	33,1	62,6	47,6	34,0	30,2	52,5	44,3
2010	...	...	...	...	...	...	...	...

*Zahlen für das Jahr 2010 lagen im statistischen Jahrbuch 2011 nicht vor.

Anlage 2

Enders, Ursula / Stumpf, Johanna: Mütter melden sich zu Wort, Köln 1991.

Mögliche Folgen sexueller Gewalterfahrungen

1. Körperliche Verletzungen

- *Bisswunden im Genitalbereich*
- *Risse am After oder in der Vagina*
- *Hämatome in erogenen Zonen*
- *Striemenartige Spuren an der Innenseite der Oberschenkel*
- *Geschlechtskrankheiten*
- *AIDS*

2. Körperliche und psychosomatische Folgen

- *Schlafstörungen*
- *Sprachstörungen*
- *Konzentrationsstörungen*
- *Legasthenie*
- *Lähmungen*
- *Haltungsschäden*
- *Verspannungen*
- *Hauterkrankungen / (z.B. Sonnenallergien)*
- *Essstörungen (z.B. Ess- und Magersucht, Bulimie)*
- *Asthma*
- *Epilepsie*
- *Autismus*
- *Ohnmachtsanfälle / Kreislaufschwächen*
- *Migräne / Kopfschmerzen*
- *Schmerzzustände*
- *Verdauungsstörungen*
- *Bettnässen*
- *Einkoten*
- *Hormonstörungen (z.B. Scham- und Achselhaare schon bei kleinen Mädchen)*
- *Unterleibsbeschwerden*
- *bestimmte Pilzerkrankungen*
- *psychosomatische Blutungen*
- *Menstruationsstörungen*
- *Ausfluss*
- *Schwangerschaften*

3. Emotionale Reaktionen

- *Diffuse Ängste (z.B. in geschlossenen Räumen, vor Autoritätspersonen)*
- *Angst vor AIDS*
- *regressives Verhalten*
- *Vereinsamung*
- *Beziehungsschwierigkeiten*
- *Scham- und Schuldgefühle*
- *geringes Selbstwertgefühl*
- *Ablehnung der eigenen Geschlechterrolle*
- *zwanghaftes Verhalten (z.B. Waschzwang, Grübelzwang)*
- *Phobien*
- *Depressionen*
- *Zweifel an der eigenen Wahrnehmung*
- *überangepasstes Verhalten*
- *Kontaktstörungen*
- *Psychosen*

4. AUTO-Aggressionen

- *Suizidversuche*
- *Arbeitssucht*
- *Schnippeln*
- *Haare ausreißen*
- *Zigaretten auf der Haut ausdrücken*

- *Nägelkauen*
- *Spielsucht*
- *Drogen-, Tabletten- und Alkoholabhängigkeit*

5. Folgen für das soziale Verhalten

- *übersteigertes Fremdeln*
- *Distanzloses Verhalten*
- *Verschlossenheit*
- *Einzelgängertum*
- *Misstrauen*
- *Delinquenz*
- *Regressives Verhalten*
- *„frühreifes" Verhalten*
- *Leistungsverweigerung*
- *Extreme Leistungsmotivation*
- *Extrem ohnmächtiges Verhalten*

- *Trebengängertum*
- *Weglaufen aus dem Elternhaus*
- *extremes Klammern an Bezugspersonen*
- *Beziehungssucht*
- *„auffälliges Verhalten" gegenüber bestimmten Männer- oder Frauentypen*
- *sicheres Auftreten in Gruppen bei gleichzeitig ängstlichem Verhalten im Einzelkontakt*

6. Folgen für das Sexualverhalten

- *Sexualisierung von sozialen Beziehungen*
- *exzessive sexuelle Neugierde*
- *offene Masturbation*
- *Bloßstellen der Genitale*
- *auffälliges Verhalten während der Menstruation*
- *altersunangemessenes Sexualverhalten bzw. sexuelles Spiel*

- *Verweigerung/Negierung sexueller Bedürfnisse*
- *Prostitution*
- *sexuell aggressives Verhalten (insbesondere bei männlichen Opfern)*
- *sadomasochistisches Sexualverhalten*
- *sogenannte sexuelle Verwahrlosung*

Anlage 3

Der Polizeipräsident in Berlin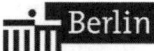

Entnommen aus: Graichen, G.: Gewalt gegen Kinder – Tatort Familie. In: Kompass 3/2007, S. 8 - 12

Anlage 4

Senatsverwaltung für Bildung,

Wissenschaft und Forschung

- III C 1 -

Vereinbarung entsprechend § 72 a SGB VIII*

für

den Bereich der im Landesjugendring Berlin organisierten Jugendverbände und Gruppen unter besonderer Berücksichtigung der ehrenamtlichen Strukturen

Zwischen dem Land Berlin,
vertreten durch die Senatsverwaltung für Bildung, Wissenschaft und Forschung

im Folgenden „Berlin" genannt,

und

dem Landesjugendring Berlin (LJR),
vertreten durch den Vorstandsvorsitzenden

Im gemeinsamen Interesse, den Schutz von Kindern und Jugendlichen durch die Beschäftigung persönlich geeigneter Personen im Sinne des § 72a SGB VII zu gewährleisten und die besondere Struktur der ehrenamtlichen Arbeit im Bereich der dem Landesjugendring angeschlossenen Mitglieder zu berücksichtigen, wird folgende bereichsspezifische Vereinbarung getroffen (soweit findet das Rundschreiben Nr. 34/2006 vom 22.5.2006 keine Anwendung).

1. Die im Landesjugendring zusammengeschlossenen Jugendverbände stellen durch geeignete betriebliche Maßnahmen sicher, dass in ihrem Verantwortungsbereich nur angestelltes Personal beschäftigt ist, welches nicht rechtskräftig wegen einer Straftat nach den §§ 171, 174 bis 174c, 176 bis 181a, 182 bis 184e oder 225 Strafgesetzbuch verurteilt worden ist. Zu diesem Zweck soll ein aktuelles Führungszeugnis im Sinne des § 30 des Bundeszentralregistergesetzes vor einer Aufnahme der Tätigkeit vorgelegt werden. Die Vorlage eines aktuellen Führungszeugnisses ist alle fünf Jahre zu wiederholen, soweit nicht aus aktuellem Anlass eine frühzeitigere Vorlage angezeigt ist. Bei einer Unterbrechung der Tätigkeit beim gleichen Träger von bis zu einem Jahr handelt es sich nicht um eine neue Aufnahme der Tätigkeit.

2. Die Vorlagepflicht von Führungszeugnissen betrifft auch Honorarkräfte, Zivildienstleistende, Freiwilligendienstleistende, MAE-Kräfte und andere vergleichbar tätige Personen, die auf Grund der Art ihrer Tätigkeit mit Kindern und Jugendlichen regelmäßig in Kontakt kommen und dabei auch selbständig außerhalb einer ständigen Anleitung und Aufsicht arbeiten. Das Gegebensein einer „ständigen" Aufsicht (bei der auf ein Führungszeugnis verzichtet werden kann) ist auch von der Art und Weise der Tätigkeit abhängig. Soweit die Tätigkeit nur in ständiger, gleichzeitiger Anwesenheit größerer Gruppen mit älteren Kindern tagsüber erfolgt, ist eine hinreichende „ständige" Aufsicht auch dann gegeben, wenn angestellte Fachkräfte räumlich und zeitlich jederzeit Zugang zur Gruppe haben und regelmäßige Kontrollen durchführen.

3. Für im Landesjugendring organisierte Jugendverbände und Gruppen ist die Arbeit von ehrenamtlich Tätigen in vielen Fällen prägendes und zugrunde liegendes Strukturmerkmal. Soweit es sich um Angebot im Bereich der §§ 11 und 12 SGB VIII handelt, gilt für in den Mitgliedsverbänden des Landesjugendringes ehrenamtlich Tätige: Bei mehrtätigen Veranstaltungen mit Übernachtung insb. Ferienreisen, internationale Begegnungen), die nicht durch eine beschäftigte (fest angestellt oder auf Honorarbasis) Fachkraft begleitet wird, ist ein Führungszeugnis durch ein ehrenamtliches Leitungsmitglied der Veranstaltung vorzulegen. Für Wochenendveranstaltungen der außerschulischen Jugendbildung gilt diese Anforderung nicht, soweit es sich um interne Veranstaltungen für Mitglieder des gleichen Verbandes handelt, bei denen es sich überwiegend um Teilnehmer aus bestehenden Gruppen des Verbands handelt.

4. Die im Landesjugendring zusammengeschlossenen Jugendverbände sorgen für eine Sensibilisierung der beruflichen und ehrenamtlichen Mitarbeiter/innen im Themenfeld Kinder- und Jugendschutz durch Information und Qualifizierung, sie nehmen das Thema des Kinder- und Jugendschutzes in die JuleiCa-Ausbildung Ehrenamtlicher ausdrücklich mit auf und schaffen strukturelle Rahmenbedingungen, die Übergriffe auf betreute junge Menschen verhindern oder schlimmstenfalls schnellstmöglich aufdecken und abstellen.

5. Die Vorlage eines aktuellen Führungszeugnisses entfällt für minderjährige ehrenamtlich Tätige. Sofern nach den Regelungen dieser Vereinbarung im Übrigen eine Vorlage erfolgen soll, beginnt diese dann mit Vollendung des 18. Lebensjahres.

6. Die für Jugend und Familie zuständige Senatsverwaltung wirkt darauf hin, dass ehrenamtliche, die nach dieser Vereinbarung ein Führungszeugnis vorlegen müssen, dieses gebührenfrei erhalten können.

7. Weitergehende Regelungen nach eigenem Entschluss der jeweiligen Gruppe oder des jeweiligen Verbandes bleiben unberührt.

8. Auf diese Vereinbarung wird in den Zuwendungsbescheiden der im Landesjugendring Berlin organisierten Jugendverbände und Gruppen Bezug (im Sinne einer Auflage) genommen soweit nicht bei besonderen Konstellationen, die die zuwendungsgebende Stelle dem Zuwendungsempfänger schriftlich darlegt, spezifische Auflagen zum Kinderschutz erforderlich sind.

9. Soweit sich ein entsprechender Bedarf bei der Umsetzung dieser Vereinbarung ergibt, unterrichten sich die Vereinbarungspartner untereinander um gemeinsam eine Änderung, Ergänzung oder Klarstellung zu prüfen.

Diese Vereinbarung wird auf unbestimmte Zeit geschlossen und tritt zum 1.4.2007 in Kraft. Jeder Vertragspartner kann die Vereinbarung mit einer Frist von sechs Monaten kündigen. Im gegenseitigen Einvernehmen ist eine frühere Kündigung bzw. Veränderung möglich. Die Kündigungserklärung bedarf der Schriftform. Für den Fall, dass das Land Berlin kündigt, erteilen die am Landesjugendring Berlin organisierten Jugendverbände und Gruppen dem LJR Empfangsvollmacht zur Entgegennahme der Kündigung.

Berlin, den 30.3.2007   Berlin, den 26.4.2007

Sign.   Sign.

Senatsverwaltung für Bildung   Landesjugendring Berlin
Wissenschaft und Forschung

*Veröffentlicht unter: www.Isb-berlin.net/vereinbarung_72a_land_berlin_-_ljr.pdf
(besucht am 20.6.2011)

Anlage 5

Kooperation zwischen Jugendamt und Polizei*

Kooperationsvereinbarung

zwischen der   Stadt Frankfurt (Oder)
Amt für Jugend und Soziales
Marktplatz 1
15320 Frankfurt (Oder)

vertreten durch den Oberbürgermeister .... dieser vertreten
durch die Bürgermeisterin .... als zuständige Beigeordnete

und dem   Polizeipräsidium Frankfurt (Oder)
Schutzbereich Oder – Spree/Frankfurt (Oder)
August-Bebel-Str. 63
15517 Fürstenwalde

vertreten durch den Leitenden Kriminaldirektor ....

zur Zusammenarbeit in Kinderschutzfällen.

Die kooperative Zusammenarbeit in Kinderschutzfällen erfolgt auf der Grundlage der §§ 8a und 42 SGB VIII sowie nach der Polizeidienstvorschrift (PDV) 382.

Die Übermittlung von personenbezogenen Daten zwischen dem Amt für Jugend und Soziales und der Polizei richtet sich nach den Vorschriften §§ 64, 65 SGB VIII und §§ 41,43 BbgPolG. Im Übrigen haben die Beteiligten dieser Vereinbarung die Regelungen zum Datenschutz der §§ 61 ff. SGB VIII i. V. m. §§ 67 ff. SGB X und der §§ 29 ff BbgPolG zu beachten.

1. Kooperation in Fällen von Kindeswohlgefährdung

Werden der Polizei bei Einsätzen, Meldungen oder Anhörungen gewichtige Anhaltspunkte für die Gefährdung eines Kindes oder Jugendlichen bekannt, so erfolgt umgehend eine Meldung an das Amt für Jugend und Soziales Frankfurt (Oder).

1.1 Bei akuter Gefährdung

- Ist durch die Polizei eine konkrete, akute Gefahr für eine Kindeswohlgefährdung bekannt oder festgestellt geworden, die ein sofortiges Handeln zur Abwendung der Gefahr erforderlich macht, wendet sich die Polizei unverzüglich an das Amt für Jugend und Soziales (s. **Anlage 1**).**

- Die Polizei teilt in diesen Fällen den Sachverhalt mündlich bzw. fernmündlich mit und spricht die weitere Vorgehensweise ab. Es begeben sich 2 Mitarbeiter/innen des Jugendamtes unverzüglich vor Ort. Außerhalb der Geschäftszeiten des Amte für Jugend und Soziales sind – in Abhängigkeit des Alters der betreffenden Kinder/Jugendlichen und in Abwägung der Erfordernisse im jeweiligen Einzelfall - die bereitstehenden Inobhutnahmestellen (s. **Anlage 2**) zu informieren und die Kinder/Jugendlichen dorthin zu verbringen. Im Anschluss an den Einsatz sendet die Polizei dem Jugendamt eine schriftliche Meldung. Das Formblatt (Meldebogen) hierfür gilt als **Anlage 3** dieser Vereinbarung.

- Ist dem Amt für Jugend und Soziales eine Kindeswohlgefährdung bekannt geworden, die ein sofortiges Tätigwerden erfordert und wirken Personensorgeberechtigte oder dritte Personen bei der Abwendung der Gefährdung oder Überprüfung der Situation nicht oder nicht ausreichend mit oder ist zu erwarten, dass ein notwendiges Handeln der Mitarbeiter/innen des Amtes für Jugend und Soziales der Unterstützung der Polizei bedarf, so informiert das Amt für Jugend und Soziales (in der Regel die zuständige Abteilungsund/oder Gruppenleiterin, nur bei deren Abwesenheit die Mitarbeiter/innen selbst) telefonisch den Leiter der Polizeiwache und ersucht um Mithilfe. Dabei wird der Grund für das Hilfeersuchen erörtert. Ist der Leiter der Wache nicht erreichbar, wird das Gespräch zu dessen Stellvertreter gesucht. Ist auch dieser nicht zu erreichen, ist der Diensthabende Beamte zu informieren. Jener wird alle weiteren Veranlassungen aus polizeilicher Sicht vornehmen. Am Einsatzort erfolgt zwischen den Mitarbeiterinnen des Amtes für Jugend und Soziales und den Einsatzkräften der Polizei vor Beginn des Einsatzes ein Abgleich der vorhandenen Informationen und des geplanten Vorgehens. Nach Beendigung des Einsatzes erfolgt erneut ein kurzer Abgleich der Ergebnisse und der nächstfolgenden unmittelbaren Handlungsschritte zwischen den Mitarbeiterinnen des Amtes für Jugend und Soziales und den Einsatzkräften der Polizei. Nach Beendigung des Einsatzes ist durch die Mitarbeiter/innen des Amtes für Jugend und Soziales an die Gruppenleitung ASD eine Information über den Verlauf und das Ergebnis des Einsatzes zu geben. Jene entscheidet eigenverantwortlich und im Rahmen der getroffenen inneramtlichen Verfahrensgrundsätze über die Einbeziehung weiterer Leitungsmitglieder.

1.2 In anderen Fällen

In Fällen, in denen ein sofortiges Handeln nicht erforderlich ist, Anhaltspunkte für eine Gefährdung von Kindeswohl dennoch bestehen, erfolgt die Meldung zeitnah (innerhalb von maximal 5 Tagen) in schriftlicher Form an das Amt für Jugend und Soziales. Auch hierfür findet der der Anlage beigefügte Meldebogen Anwendung. Durch das Amt für Jugend und Soziales erfolgt umgehend die Versendung einer Eingangsbestätigung durch den Assistenzbereich des Amtes (s. **Anlage 4**).

2. Kooperation in Fällen der Ermittlung im Zuge von Strafverfahren, die sich gegen Minderjährige richten

In Fällen, in denen gegen Eltern oder dritte Personen aufgrund einer Straftat ermittelt wird, (z.B. Verletzung der Fürsorge- und Aufsichtspflicht, Misshandlung von Schutzbefohlenen, sexueller Missbrauch oder andere Straftaten, an denen minderjährige Kinder beteiligt sind) erhält das Jugendamt eine schriftliche Mitteilung über den Sachverhalt.

3. Statistische Informationen und Erfahrungsaustausch

Beide Kooperationspartner erklären sich bereit, die jeweils vorliegenden statistischen Erhebungen über Meldungen, Einsätze, Veranlassungen etc. in Kindeswohlangelegenheiten zum 31.1. des laufenden Jahres für das zurückliegende Jahr dem jeweils anderen Kooperationspartner zur Kenntnisnahme zuzusenden. Hierfür ist stets die anonymisierte und/oder pseudonymisierte Form zu wählen. Darauf aufbauend und unter Beachtung der mit dieser Kooperationsvereinbarung getroffenen Festlegungen findet ein Mal pro Jahr ein Erfahrungsaustausch über die Ergebnisse der Zusammenarbeit statt.

4. Schlussbestimmung

Die Vereinbarung tritt am 1.4.2010 in Kraft.

Änderungen dieser Vereinbarung bedürfen der Schriftform.

Datum, Unterschriften

---

*   *Der Wortlaut der Kooperationsvereinbarung wurde entnommen aus:*
Leitner, H.; Rieck, I. (Hrsg.): Kooperation im Kinderschutz: Jugendamt und Justiz.
Fachstelle Kinderschutz im Land Brandenburg 2009, S. 125 – 127.
**   *Auf die Wiedergabe der in der Vereinbarung erwähnten Anlagen (Formblätter) wird verzichtet.*

Anlage 6:

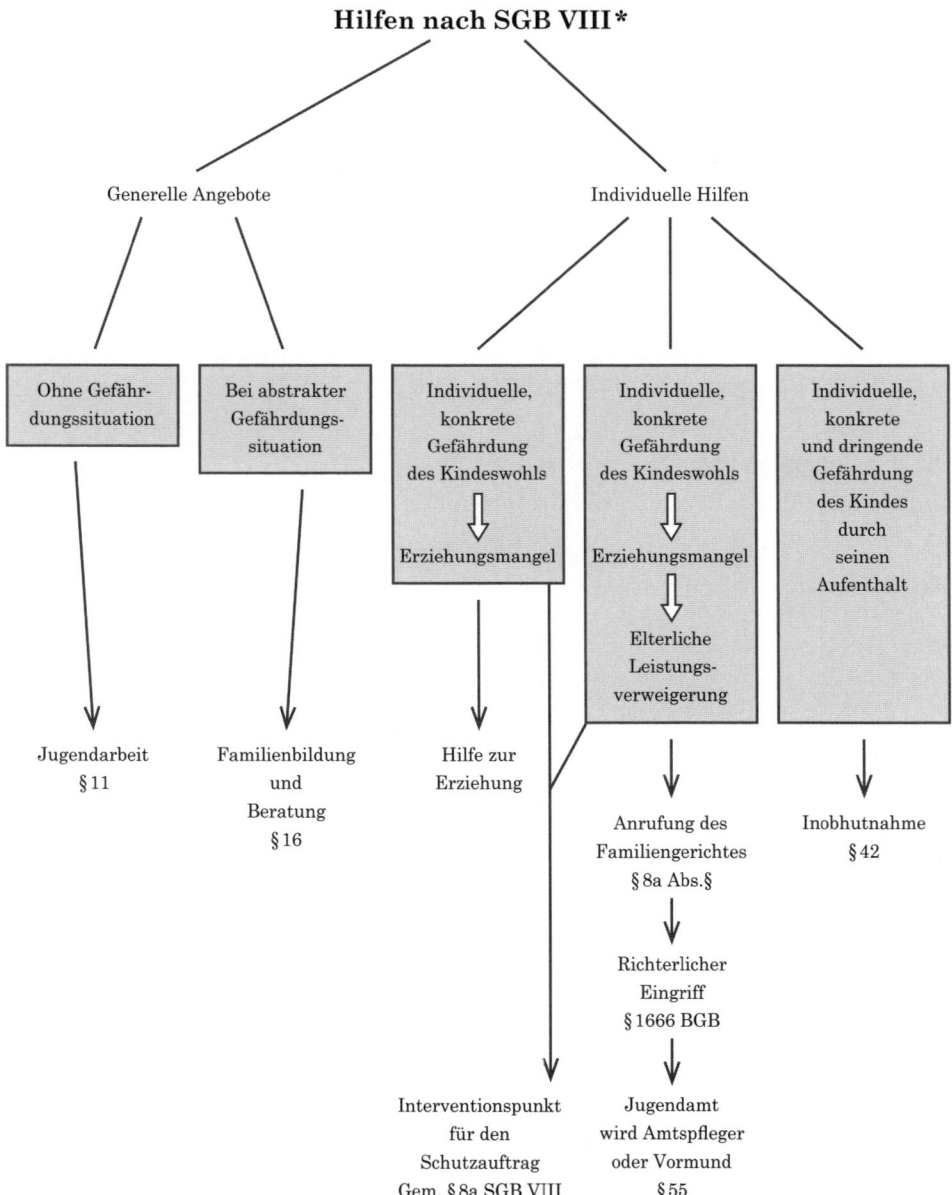

Hilfen nach SGB VIII*

Generelle Angebote

Individuelle Hilfen

Ohne Gefähr-dungssituation

Bei abstrakter Gefährdungs-situation

Individuelle, konkrete Gefährdung des Kindeswohls
⇩
Erziehungsmangel

Individuelle, konkrete Gefährdung des Kindeswohls
⇩
Erziehungsmangel
⇩
Elterliche Leistungs-verweigerung

Individuelle, konkrete und dringende Gefährdung des Kindes durch seinen Aufenthalt

Jugendarbeit § 11

Familienbildung und Beratung § 16

Hilfe zur Erziehung

Anrufung des Familiengerichtes § 8a Abs.§
↓
Richterlicher Eingriff § 1666 BGB
↓
Jugendamt wird Amtspfleger oder Vormund § 55

Inobhutnahme § 42

Interventionspunkt für den Schutzauftrag Gem. § 8a SGB VIII

nach Frühwacht 2008, S. 45

Zur Autorin

Prof. Dr. Reingard Nisse verfügt über langjährige Praxiserfahrung in der Kriminalpolizei. Von 1965 bis 1996 war sie Angehörige der Polizei. In diesem Zeitraum absolvierte sie ein Fach- und Hochschulstudium und promovierte. Ihre Dissertation war das Ergebnis von Forschungen zur Jugendkriminalität, ihre Habilitationsschrift befasste sich mit Kriminalitätserscheinungen in neu entstehenden Wohngebieten und den entsprechenden polizeilichen Präventionsmaßnahmen.

Von 1996 bis 2008 war sie als Dozentin für Kriminalistik und Kriminologie an der Fachhochschule der Polizei des Landes Brandenburg tätig, fungierte mehrere Jahre als Leiterin der Fachgruppe Kriminal- und Sozialwissenschaften und als Vizepräsidentin. Seit 2008 war sie an verschiedenen Fachhochschulen als Lehrbeauftragte tätig. Frau Prof. Dr. Nisse ist Gründungsmitglied der Deutschen Gesellschaft für Kriminalistik e. V.

Literatur- und Quellenverzeichnis

Ackermann, R.; Clages, H.; Roll., H.: Handbuch der Kriminalistik. Kriminaltaktik für Praxis und Ausbildung. 4. Auflage. Stuttgart e.a. 2011.

Albert, I.: Innerfamiliäre Gewalt gegen Kinder, Würzburger Schriften zur Kriminalwissenschaft, Band 27. Frankfurt am Main e.a. 2008.

Bange, D.: Gewalt gegen Kinder in der Geschichte. In: Deegener, G.; Körner, W. (Hrsg.): Kindesmisshandlung und Vernachlässigung. Ein Handbuch. Göttingen 2005, S. 13-18.

Bauer, G.: Die Kindesmisshandlung. Lübeck 1969.

Becker, R.: Kinderschutzhotlines: erfolgreicher Beitrag zum Kinderschutz. In: Kerner, H.-J., Marks, E. (Hrsg.): Internetdokumentation des Deutschen Präventionstages Hannover 2010, www.praeventionstag.de/Dokumentation.cms/949.

Boettcher, A.: Der Mordfall Karolina – die juristische Aufarbeitung. In: Greuel, L.; Petermann, A.: Macht-Familie-Gewalt (?). Intervention und Prävention bei (sexueller) Gewalt im sozialen Nahraum. Lengerich e.a. 2009, S. 11-16.

Brörmann, C. et al.: OSNABRÜCK. Fachbereich für Kinder, Jugendliche und Familien. Arbeitshilfe Kindesvernachlässigung. www.osnabrueck.de/images_design/Grafiken_Inhalt Familiensoziales/Arbeitshilfe_Kindesvernachlässigung.pdf (besucht am 1.6.2011).

Bundeskriminalamt (Hrsg.): Polizeiliche Kriminalstatistik (PKS) 2009. 57. Ausgabe.

Bundeskriminalamt (Hrsg.): Polizeiliche Kriminalstatistik (PKS) 2009. Aufgliederung der Opfer nach Alter und Geschlecht, Tabelle 91.

Bundesministerium des Innern (Hrsg.): Polizeiliche Kriminalstatistik (PKS) 2010 Kurzbericht, www.bka.de.

Bundesministerium des Innern, Bundesministerium der Justiz (Hrsg.): Zweiter Periodischer Sicherheitsbericht 2006.

Bundesministerium für Familie, Senioren, Frauen und Jugend (Hrsg.): UN-Kinderrechtskonvention im Wortlaut mit Materialien. (Bekanntmachung vom 10.7.1992, BGBl. II S. 1990), Stand Mai 2007 www.mbjs.brandenburg.de (aufgesucht am 15.12.2010).

Bundestag: Bundestagsdrucksache 15/3676. 15. Wahlperiode, 6.9.2004.

Bussmann, K.-D.: Verbot familialer Gewalt gegen Kinder. Zur Einführung rechtlicher Regelungen sowie zum (Straf-) Recht als Kommunikationsmedium. Köln e.a. 2000.

CHAPTER IV HUMAN RIGHTS Convention on the Prevention and Punishment of the Crime of Genocide. Paris, 9.12.1948. www.admin.ch/ch/ch/a/ff/2005/2853pdf (besucht am 25.12.2010).

Checkliste Delikte an Schutzbefohlenen/Kindern. Redaktion: Rolf Matschinsky. FHöVPR/IPAF/FID, Vorlage: Polizei Berlin, LKA 12, ohne Datum./Merkblatt Misshandlung von Schutzbefohlenen. Polizeipräsident in Berlin. In: Kompass, Heft 1-2001, S. 46-47.

Clages, H.; Nisse, R.: Bearbeitung von Jugendsachen. Lehr- und Studienbriefe Kriminalistik/Kriminologie Band 12, Hilden 2009.

de Mause, L.: Hört ihr die Kinder weinen. Frankfurt am Main 1980, S. 59.

Deegener, G.: Exploration sexuell missbrauchter Kinder. In: Körner, W.; Lenz, A.: Sexueller Missbrauch, Band 1, Göttingen e.a. 2004, S. 121-128.

Deegener, G.: Kindesmissbrauch – erkennen, helfen, vorbeugen. Weinheim und Basel 2005.

Dettenborn, H.: Kindeswohl und Kindeswille. Psychologische und rechtliche Aspekte. München 2007.

Dunand, A.: Praktische Ansätze des Kinderschutzes aus Sicht eines freien Trägers. In: Kindesvernachlässigung und Kindesmisshandlung. Unsere Verantwortung für den Schutz von Kindern, Landespräventionsrat Brandenburg 2004, S. 77-83.

Erfurt, Ch.; Schmidt, U.: Misshandlung und Vernachlässigung von Kindern aus rechtsmedizinischer Sicht. In: Greuel, L.; Petermann, A. (Hrsg.): Macht – Familie – Gewalt (?). Intervention und Prävention bei (sexueller) Gewalt im sozialen Nahraum. Lengerich 2009, S. 66-75.

Erler, Th.: Zur Problematik Gewalt gegen Kinder und Jugendliche aus kinderärztlicher Sicht. In: Kindesvernachlässigung und Kindesmisshandlung. Unsere Verantwortung für den Schutz von Kindern. Landespräventionsrat Brandenburg, Fachtagung 1.9.2004, S. 84-95.

Finkelohr, D.; Browne, A.: The traumatic impact of child sexual abuse: A conceptualization. American Journal of Orthopsychiatry 55, 1997, S. 124.

Fischer, Th.: Strafgesetzbuch und Nebengesetze. 58. Auflage. München 2011.

Freistaat Thüringen, Ministerium für Soziales, Familie und Gesundheit (Hrsg.): Gewalt gegen Kinder. Thüringer Leitfaden für Ärzte. 2. Auflage 2007.

Friedrich-Ebert-Stiftung (Hrsg.): Kinder schlagen – gesetzlich verboten? Berlin 2000.

Frühwacht, R.: Interfamiliäre Gewalt gegen Kinder. Saarbrücken 2008.

Gallwitz, A. et al: Sexuelle Gewalt gegen Kinder – Ursachen und Vorbedingungen, in: Das Tabu: Sexuelle Gewalt, Polizei Dein Partner, Sonderheft, Hilden 1999.

Gallwitz, A.: Pädosexuelle und Pädokriminelle Klassifikationen. In: Polizei – Dein Partner. Hilden 2007, S. 11-17.

Gallwitz, A.: Kinder und Jugendliche als Opfer im Internet. In: Deutsche Polizei 2/2009, S. 6-16.

Gallwitz, A.; Paulus, M.; Drewes, D.: Das Tabu: Sexuelle Gewalt. In: Polizei Dein Partner. Hilden 1999.

Gallwitz, A.; Paulus, M.: Kinderfreunde Kindermörder. Authentische Kriminalfälle/Fallanalysen/Vorbeugung. Hilden 2000.

Gallwitz, A.; Paulus, M.: Pädokriminalität weltweit. Hilden 2009.

Gercke, B.: In: Julius, H.-P. et.al: Strafprozessordnung, Heidelberger Kommentar, 4. Auflage, Heidelberg 2009.

Graichen, G.: Gewalt gegen Kinder. In: Greuel, L.; Petermann, A. (Hrsg.): Macht-Familie-Gewalt (?). Lengerich 2009.

Guileyardo, JM; Prahlow, JA; Barnad, JJ.: Familiar Filicide and Filicide Classification. Am J Forensic Med Pathol 20 1999, S. 286-292.

Heubrock, D.; Donzelmann, N.: Einsatzkarten „Vernehmung von Kindern", Frankfurt a.M. 2011.

Kavemann, B.; Kreyssig, U. (Hrsg.): Handbuch Kinder und häusliche Gewalt. Wiesbaden 2006.

Kennerly, H.: Schatten über der Kindheit. Wie sich frühe Traumata auswirken und man sie bewältigt. Bern 2003.

Kerger, C.: Auswirkungen sexueller Gewalt auf Mädchen. In: der Kriminalist, 12/2004, S. 493-497.

Kinderschutz-Zentrum Berlin (Hrsg.): KINDESWOHLGEFÄHRDUNG. Erkennen und Helfen. 11. überarbeitete Auflage, Berlin 2009.

Kindler, H.: Prävention von Vernachlässigung und Kindeswohlgefährdung im Säuglings- und Kleinkindalter. In: Ziegenhain, U.; Fegert, J.: Kindeswohlgefährdung und Vernachlässigung. München Basel 2007, S. 94-108.

Kindler, H.; Sann, A.: Frühe Hilfen zur Prävention von Kindeswohlgefährdung. In: Kind, Jugend, Gesellschaft KJuG 52. Jg. 2007.

König, J.: Bekämpfung von Sexualdelikten. Hilden 2001.

Körner, W.: Kindesmisshandlung und Vernachlässigung. In: In: Deegener, G.; *Körner, W. (Hrsg.):* Kindesmisshandlung und Vernachlässigung. Ein Handbuch. Göttingen-Bern-Toronto-Seattle-Oxford-Prag 2005, S. 128-140.

Kruse, K., Oehmichen, M.: Kindesmisshandlung und sexueller Missbrauch. Lübeck 1993.

Kunkel, P.-Ch.: Schutzauftrag bei Kindeswohlgefährdung (§ 8a SGB VIII) - Rechtliche und psychologische Dimension – Fachhochschule Kehl Hochschule für öffentliche Verwaltung.www.vafk.de/bremen/kevin-web/kunkel_rechtl_psych_Dimensionen.pdf (besucht am 23.6.2011).

Laewen, H.-J.: Grenzsteine der Entwicklung. Ein Frühwarnsystem für Risikolagen. www.elternbildung.ch/images/4_Sonderdruck_Grenzsteine.pdf. Ebenfalls präsentiert auf der Website des Ministeriums für Bildung, Jugend und Sport des Landes Brandenburg www.mbjs.brandenburg.de (besucht am 23.6.2011).

Landesärztekammer Thüringen, Thüringer Ministerium für Soziales, Familie und Gesundheit, Techniker Krankenkasse, Landesvertretung Thüringen (Hrsg.): Thüringer Leitfaden für Ärzte Gewalt gegen Kinder, 2. Auflage 2007.

Leitner, H.; Rieck, I. (Hrsg.): Kooperation im Kinderschutz: Jugendamt und Justiz. Fachstelle Kinderschutz im Land Brandenburg 2009, S. 84-86.

Leitner, H.; Troschelt, K.: Fälle gravierender Kindesmisshandlung und Kindesvernachlässigung mit Todesfolge und schwerster Körperverletzung im Land Brandenburg. Eine Untersuchung anhand von Staatsanwaltschaftsakten (2000– 2005), Fachstelle Kinderschutz im Land Brandenburg – Start GmbH, Oranienburg 2008.

Libal, R.; Deegener, G.: Häufigkeiten unterschiedlicher Gewalterfahrungen in Kindheit und Jugend sowie Beziehungen zum psychischen Befinden im Erwachsenenalter. In: Deegener, G.; Körner, W. (Hrsg.): Kindesmisshandlung und Vernachlässigung. Ein Handbuch. Göttingen e.a. 2005, S. 59-93.

Lichte, M: Deutschlands tote Kinder. Kindestötung als Folge von Gewalthandlung, sexuellem Missbrauch und Verwahrlosung. Oldenburg 2007.

Maywald, J.: Partnerschaft und Familienleben im 20. Jahrhundert. Deutsche Arbeitsgemeinschaft für Jugend und Eheberatung e.V. Informationsrundschreiben zur Jahrestagung 2008. München S. 40.

Moggi, F.: Folgen von Kindesmisshandlung: Ein Überblick. In: Deegener, G.; Körner, W.(Hrsg.): Kindesmisshandlung und Vernachlässigung. Ein Handbuch. Göttingen e.a. 2005, S. 94-103.

Nisse, R.: Kindeswohlgefährdung und Maßnahmen der Polizei - dargestellt am Land Brandenburg. In: Kriminalistik 11/2009, S. 613–622.

Nocker, M; Keller, K.M.: Münchhausen-by–proxy-Syndrom als Kindesmisshandlung. In: Monatsschrift Kinderheilkunde, 150, 2002, S. 1357-1369.

Nowara, S.: Das Münchhausen-by-proxy-Syndrom. In: Deegner, G.; Körner, W. (Hrsg.): Kindesmisshandlung und Vernachlässigung. Ein Handbuch. Göttingen e.a. 2005, S. 128-140.

Parton, N.; Thorpe, D.; Wattam, C.: Child Protection. Risk and the Moral Order. Houndsmills, Basingstoke; London: Macmillan Press 1997.

PDV 382 (Polizeidienstvorschrift) – Bearbeitung von Jugendsachen.

Peter, E.; Borgerts, E.: Täter-Opfer-Beziehungen und Täterprofile bei pädosexuellen Straftätern. In: Kriminalistik 5/2008, S. 301-306.

Petzold, M.: Entwicklung und Erziehung in der Familie. Familienentwicklungspsychologie im Überblick. Hohengehren 1999.

Pfeiffer, C. et al.: Innerfamiliäre Gewalt gegen Kinder und Jugendliche und ihre Auswirkungen (Forschungsbericht Nr. 80). Kriminologisches Forschungsinstitut Niedersachsen e.V. Hannover 1999.

Pfeiffer, C.; Wetzels, P.: Kinder als Täter und Opfer. Eine Analyse auf der Basis der PKS und einer repräsentativen Opferbefragung (Forschungsbericht Nr. 68). Kriminologisches Forschungsinstitut Niedersachsen e.V. Hannover 1997.

Pfeiffer, C.; Wetzels, P.: Kindheit und Gewalt: Täter- und Opferperspektiven aus Sicht der Kriminologie. In: Praxis der Kinderpsychologie und Kinderpsychiatrie, 46(3) 1997, S. 143-152.

Programm Polizeiliche Kriminalprävention (Hrsg.): Kinderschutz geht alle an. Stand 2010.

Pohl, G.: Wie man Kinder am besten vernehmen sollte. In: Kraheck-Brägelmann, S. (Hrsg.): Die Anhörung von Kindern als Opfer sexuellen Missbrauchs. Anregungen und Hilfen für den Praktiker. Rostock 1993.

Salgo, L.: § 8a SGB VIII – Anmerkungen und Überlegungen zur Vorgeschichte und den Konsequenzen der Gesetzesänderung. In: Ziegenhain, U.; Fegert, J. (Hrsg.): Kindeswohlgefährdung und Vernachlässigung, München, 2007, S. 9–29.

Scheck, R.: Aspekte deutscher Kindheit: 1740-1820. In: C. Büttner (Hrsg.): Gefördert und misshandelt. Jahrbuch der Kindheit. Band 4. Weinheim und Basel, 1987, S.28 ff.

Schläfke, B.; Häßler, F.: Infantizide – Erfahrungen aus gutachterlicher Sicht. In: Häßler, F.; Schepker, R.; Schläfke, B. (Hrsg.): Kindstod und Kindstötung. Berlin 2008.

103

Schmidt, V: Die Bearbeitung von Delikten der Kindesmisshandlung. In: Lehr- und Studienbriefe Kriminalistik Nr. 10, Hilden 1990.

Schneider, H.-J.: Sexueller Missbrauch an Kindern. In: Kriminalistik 7/1997, S. 458-469.

Schone, R. et al: Kinder in Not – Vernachlässigung im frühen Kindesalter und Perspektiven sozialer Arbeit. Münster 1997.

Schone, R.: Frühe Kindheit in der Jugendhilfe – Präventive Anforderungen und Kinderschutz. In: Ziegenhain, U.; Fegert, J.: Kindeswohlgefährdung und Vernachlässigung. München 2007, S. 52-66.

Strasser, Ph.: „In meinem Bauch zittert alles." – Traumatisierung von Kindern durch Gewalt gegen die Mutter. In: Kavemann, B.; Kreyssig, U. (Hrsg.): Handbuch Kinder und häusliche Gewalt. Wiesbaden 2006.

Urbaniok, F.; Benz, Ch.: Der pädosexuelle Täter. In: Kriminalistik 3/2005, S. 182-188.

Unabhängige Beauftragte zur Aufarbeitung des sexuellen Kindesmissbrauchs (Hrsg.): Abschlussbericht der Unabhängigen Beauftragten zur Aufarbeitung des sexuellen Kindesmissbrauchs, Dr. Christine Bergmann. www.beauftragte-miss-brauch.de/file.../110524_Abschlussbericht_UBSKM.. (aufgesucht am 26.7.2011)

v. Hasseln, S.: Kindesmisshandlung, Kindesvernachlässigung und Kindesmissbrauch! Wie kann Kindern der ihnen in der Verfassung garantierte besondere Schutz durch Staat und Gesellschaft im Alltag gewährt werden? In: Kindesvernachlässigung und Kindesmisshandlung. Unsere Verantwortung für den Schutz von Kindern. Landespräventionsrat Brandenburg, Fachtagung 1.9.2004, S. 29ff.

Voß, K.; Wolf, C.: Am Rande der Wahrnehmung. Kinder als Zeugen und Opfer häuslicher Gewalt. Kinder- und Jugendberatung der Interventionsstelle gegen häusliche Gewalt. Schwerin und Rostock 2008.

Wiesner, R.: Rechtliche Grundlagen der Intervention bei Misshandlung, Vernachlässigung und sexuellem Missbrauch. In: Deegener, G.; Körner, W. (Hrsg.): Kindesmisshandlung und Vernachlässigung. Ein Handbuch. Göttingen e.a. 2005, S. 282-302.

Wirth, I.; Strauch, H.: Rechtsmedizin. Grundwissen für die Ermittlungspraxis. Heidelberg 2006.

www.bmfsfj.de... (besucht am 3.10.2011)

www.kfn.de/.../tötungsdelikte_an_kindern... (besucht am 11.4.2011).

www.arbeitsblaetter.stangl.at/ERZIEHUNG/Geschichte-Erziehung-shtml. (aufgesucht am 11.11.2010), S. 1.

www.europarl.europa.eu/sides/getDoc.do?pubRef=-//EP//TEXT+P6-TA-2009-_0040+0+Doc+XML+VO//DE (besucht am 6.1.2011)

www.unicef.at

Zinke, C.: Das Berliner Netzwerk Kinderschutz. In: Kerner, H-J., Marks, E. (Hrsg.), Internetdokumentation des Deutschen Präventionstages Hannover 2010, www.praeventionstag.de/Dokumentation.cms/916.

Gesetze/Richtlinien:

Berliner Gesetz zum Schutz und Wohl des Kindes Vom 17.12.2009. Gesetz- und Verordnungsblatt für Berlin, 65. Jahrg., Nr. 33, S. 875.

Bundesausschuss der Ärzte und Krankenkassen: Richtlinien des Bundesausschusses der Ärzte und Krankenkassen über die Früherkennung von Krankheiten bei Kindern bis zur Vollendung des 6. Lebensjahres („Kinder-Richtlinien") in der Fassung vom 26.4.1976 (veröffentlicht als Beilage Nr. 28 zum Bundesanzeiger Nr. 214 vom 11.11.1976) zuletzt geändert am 16.12.2010 veröffentlicht im Bundesanzeiger 2011; Nr. 40: S. 1013. In Kraft getreten am 12.3.2011.

Gesetz über die Aufgaben, Befugnisse, Organisation und Zuständigkeit der Polizei im Land Brandenburg (Brandenburgisches Polizeigesetz – BbgPolG) Vom 19.3.1996 (GVBl. I S. 74), zuletzt geändert durch Gesetz vom 20.12.2010 (GVBl. I Nr. 42/2010).

Gesetz zum Schutz des Kindeswohls und zur Förderung der Kindergesundheit (Kinderschutzgesetz) Vom 9.12.2009 GVBl. LSA 2009, S. 644. Gl.-Nr. 2160.25. Sachsen-Anhalt.

Gesetz zur Weiterentwicklung und Verbesserung des Schutzes von Kindern und Jugendlichen in Schleswig-Holstein (Kinderschutzgesetz) vom 1.4.2008.

Hessisches Gesetz über die öffentliche Sicherheit und Ordnung (HSOG) i.d.F. der Bekanntmachung vom 14.1.2005 (GVBl. I S. 14), zuletzt geändert durch Gesetz vom 14.12.2009 (GVBl. I S. 635).

Polizeigesetz des Landes Nordrhein-Westfalen (PolG NRW) i.d.F. der Bekanntmachung vom 25.7.2003 (GV. NRW. S. 441), zuletzt geändert durch Gesetz vom 9.2.2010 (GV. NRW. S. 132).

Stichwortverzeichnis